歯科医師
ケアマネジャー
消防署
訪問診療
看護師
医師
救急救命士
薬剤師
理学療法士など
歯科
保健所
保健師
歯科衛生士
歯科医師
獣医師
臨床検査技師
医師
歯科衛生士
歯科医師
看護師
管理栄養士
理学療法士など
介護施設
社会福祉士
介護福祉士

医療・福祉の仕事見る知るシリーズ

# 公認心理師の一日

保育社
HOIKUSHA

はじめに

# 公認心理師《こうにんしんりし》の仕事って、どんなもの？

**日本初の心理職の国家資格。専門家として相談者をサポート！**

公認心理師《こうにんしんりし》は、まだ新しい資格です。2018年9月に、第1回公認心理師《こうにんしんりし》国家試験が実施《じっし》されました。心理に関する資格は、これまでもさまざまなものがありましたが、公認心理師《こうにんしんりし》の資格は、日本で初めての心理職の国家資格。人間の心理に関する専門的な知識や技術をもつことを示す、信頼性《しんらいせい》の高い資格といえます。

公認心理師《こうにんしんりし》のおもな仕事は、悩《なや》みをかかえている人の相談に乗り、心理面からサポートすること。相談者の気持ちに寄りそいながら、専門的な知識と技術を用いて、相談者の心の状態を客観的に分析《ぶんせき》したり、問題を解決するための方法をいっしょに考えたりします。相談者本人だけでなく、家族や友人など周囲の人へのサポートや、他職種との協力も欠かせません。

また、心の健康を守るための教育や情報提供も、だいじな仕事の一つです。

## 心の健康に注目が集まるなか、今後ますます求められる職種です

ふだん、あまり気がつかないかもしれませんが、わたしたちの身の回りには、精神障害や発達障害による生きづらさを感じている人、いじめ、虐待《ぎゃくたい》など、心に深くかかわる問題をかかえている人がたくさんいます。

心の病気は決して特別なものではありません。さまざまなきっかけで、だれもが心の健康をそこなう可能性があります。最近では、メンタルヘルス対策といって、心の健康を守るとり組みに力を入れることが求められています。

社会の変化にともない、心理職へのニーズは今後も高まっていくでしょう。病院、学校、福祉施設《ふくししせつ》、司法機関、一般《いっぱん》企業《きぎょう》など、じつに幅広《はばひろ》い分野で、公認心《こうにんしん》理師《りし》の資格をもつ人の活躍《かつやく》が期待されています。

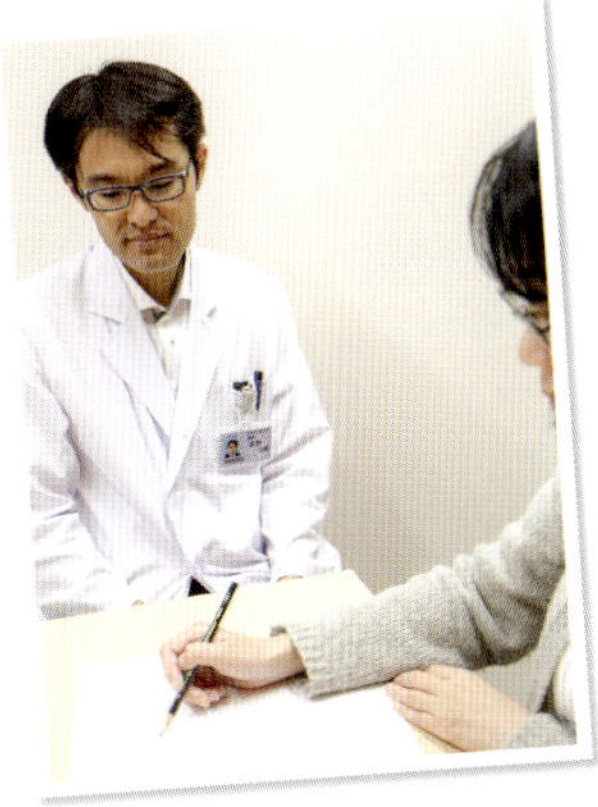

# 目次

## Part 1 公認心理師《こうにんしんりし》の一日を見て! 知ろう!

## インタビュー編 公認心理師《こうにんしんりし》の資格がいかせる仕事



## Part 2 目指せ公認心理師《こうにんしんりし》！ どうやったらなれるの？

※この本の内容や情報は、制作時点（2019年７月）のものであり、今後変更が生じる可能性があります。

※心理相談の写真は実際の場面ではありません。相談者はモデルです。

# 公《こう》認《にん》心《しん》理《り》師《し》の仕事場

心理に関する専門的な知識が必要とされる場面はさまざまです。公認心理師《こうにんしんりし》は保健医療《いりょう》や福祉《ふくし》、教育など、幅広《はばひろ》い現場で活躍《かつやく》しています。

## 病院・診療所《しんりょうじょ》

心の病気をあつかう精神科がある病院や診療所《しんりょうじょ》（クリニック）では、公認心理《こうにんしんり》師《し》などの心理職が、医師やそのほかの医療職《いりょうしょく》と協力して、患者《かんじゃ》さんの心の問題の解決にあたります。また、多くの診療科《しんりょうか》をもつ病院では、体の病気で治《ち》療《りょう》を受けている患者《かんじゃ》さんに対しても、必要に応じて心のケアを行います。

## 学校

公認心理師《こうにんしんりし》などの心理職が、児童や生徒の心のケアをするスクールカウンセラーとして働いています。悩《なや》みや困りごとについて、本人や保護者、教師の相談に乗り、心理的な援助《えんじょ》を行います。都道府県や市町村の教育委員会から、非常勤スタッフとして派遣《はけん》される形で勤める人も多くいます。

## 都道府県・市町村

地方公務員として、保健や福祉《ふくし》の部門で働く公認心理師《こうにんしんりし》がいます。おもに、支援《しえん》の窓口となる市町村役場、保健所や保健センター、精神保健福祉《ふくし》センター、児童相談所や子ども家庭支《し》援《えん》センターなどで活躍《かつやく》しています。

## 福祉施設《ふくししせつ》

福祉《ふくし》の対象である子どもや障がい者、高齢《こうれい》者《しゃ》は、精神障害、発達障害（生まれつきの脳の発達のかたよりによる障害）、認知症《にんちしょう》といった問題をかかえていることも多く、心理的な援助《えんじょ》が必要です。児童養護施設《しせつ》、障害者支《し》援施設《えんしせつ》、特別養護老人ホームなどさまざまな福祉施設《ふくししせつ》で、公認心理師《こうにんしんりし》をはじめとする心理職がサポートにあたっています。

## 私設心理相談

私設心理相談は、公認心理師《こうにんしんりし》などの心理職が、個人または組織で運営する相談機関です。カウンセリングルーム、カウンセリングオフィスなど、さまざまな名称《めいしょう》で開設されています。相談者が来所する以外に、メールや訪問での相談を行っているところもあります。

## 企業《きぎょう》

一般企業《いっぱんきぎょう》の健康管理室や相談室、メンタルヘルス（心の健康）に関するサービスを提供する企業《きぎょう》に勤務し、働く人を支援《しえん》する公認心理師《こうにんしんりし》もいます。ストレスチェック、心理教育（35ページ）、休職者の復職支援《しえん》などにたずさわります。

## 司法・法務・警察機関

家庭裁判所、刑務所《けいむしょ》、少年院、警察関係機関などで、心理に関する専門知識をいかして、犯罪・非行の原因や家族間の問題について調べたり、罪をおかしてしまった人が立ち直るのを手助けしたりする仕事もあります。

# カウンセリングって、何？

## 「カウンセリング＝相談」。悩《なや》みや問題の解決を目的に行うものです

カウンセリングという言葉は、英語で「相談」という意味です。心の問題を解決するために行う心理相談の意味で使われることが多いですが、相談の内容は問いません。例えば、美容院でどんな髪型《かみがた》が似合《にあ》うか相談に乗ってもらうのも、カウンセリング。勉強の仕方について教師に相談するのも、カウンセリングです。

カウンセラーとは、カウンセリングを行う人のこと。カウンセリングを行うのに資格は必ずしも必要ではありません。とはいえ、相談者は悩《なや》みや問題を解決したくて相談するのですから、その分野についての知識がある人でなければ、カウンセラーは務まりません。

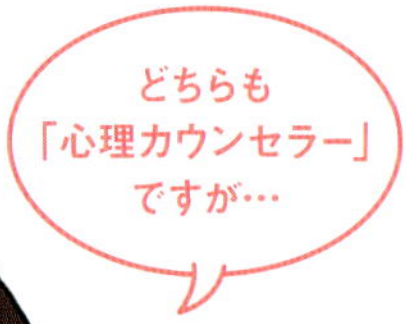

**公認心理師《こうにんしんりし》など**

専門的な知識や技術をいかして、カウンセリング（心理相談）を行う。

**無資格の人**

カウンセリングをしてもよいが、専門的な知識があるかどうかは不明。

## 心の問題に関する相談には、心理学の専門的な知識が必要

心理相談にたずさわる人は、「心理カウンセラー」と呼ばれます。心の問題を解決するための相談に乗るので、当然、心理学の専門的な知識が必要です。

その知識をもっていることを証明するのが、公認心理師《こうにんしんりし》や臨床心理士《りんしょうしんりし》といった資格です。心理に関する資格は数多くありますが、公認心《こうにんしん》理師《りし》はそのなかでも唯一《ゆいいつ》の国家資格。まだ新しい資格ですが、大いに注目を集めています。

無資格の人や、簡単に取得できる資格しかもっていない人でも、心理相談を行ったり、心理カウンセラーを名乗ったりすることはできますが、人間の心というデリケートなものをあつかうのであれば、心理学をしっかりと学ぶべきでしょう。

## Part 1

# 公認心理師《こうにんしんりし》の一日を見て！ 知ろう！

病院の神経精神科で働く公認心理師《こうにんしんりし》、
学校でスクールカウンセラーとして
働く公認心理師《こうにんしんりし》、
それぞれの一日に密着！

# 病院で働く 公認心理師《こうにんしんりし》の一日

取材に協力してくれた
公認心理師《こうにんしんりし》さん

**高野《たかの》 公輔《こうすけ》さん（39歳《さい》）**

東京女子医科大学病院 神経精神科
公認心理師《こうにんしんりし》、臨床心理士《りんしょうしんりし》

## Q どうして公認心理師《こうにんしんりし》になったのですか？

高校生のとき、祖父ががんで入院し、緩和《かんわ》ケア（※）を受けていました。病気の治療《ちりょう》だけでなく、いつも祖父の心に寄りそい、私たち家族の不安な気持ちに対しても、ていねいで温かなケアをしてくれた病院のスタッフが印象的で、自分も将来、医療《いりょう》の現場で心のケアをする仕事がしたいと思い、心理学が学べる大学への進学を決めました。

## Q この仕事のおもしろいところは？

他職種と協力しながら、患者《かんじゃ》さんにとってよりよいかかわり方を提案し、治療《ちりょう》がよい方向に進んだときには、やりがいを感じます。また、この仕事では、患者《かんじゃ》さんからたくさんのことを学べます。例えば、治療《ちりょう》がつらくても、いつも希望を忘れない人からは、前向きな気持ちや勇気をもらえます。

### ある一日のスケジュール

8:00 出勤、カンファレンス
▼
9:00 病棟《びょうとう》での回診《かいしん》
▼
12:00 昼休み
▼
13:00 患者《かんじゃ》さんとの面接
▼
15:00 グループ療法《りょうほう》
▼
17:20 終業

※緩和《かんわ》ケア：病気による痛みや身体的・精神的な問題に対処し、患者《かんじゃ》さんや家族の生活の質を向上させる医療《いりょう》ケアのこと。

# 8:00 出勤、カンファレンス

## ? カンファレンスって何をするの?

きょうも一日
がんばるぞ!

昨日の
夜間帯の報告を
お願いします

どんなふうに
サポートしたら
いいかな…

患者《かんじゃ》さんがどんな状態なのか、病状はもちろん、家族の状況《じょうきょう》、治療《ちりょう》に対する態度などもくわしく共有。スクリーンに映し出した電子カルテの画面を見ながら、意見を出し合います。

## 患者《かんじゃ》さんに関する情報を共有し、治療《ちりょう》方針を話し合います

出勤したら更衣室《こういしつ》で白衣に着がえ、神経精神科の医局へ向かいます。医局は、医師たちの控《ひか》え室や休憩室《きゅうけいしつ》をかねた事務所のような場所。神経精神科の医局には、医師、研修医、公認心理師《こうにんしんりし》がいます。

朝いちばんは、神経精神科全体のカンファレンス。カンファレンスとは、現在の治療《ちりょう》方針が最適かどうか、個別に検討する会議です。入院患者《かんじゃ》さんには、検査や治療《ちりょう》、薬について決定する担当医がいます。カンファレンスでは、担当医が医局のメンバーに患者《かんじゃ》さんの状態を説明し、治療《ちりょう》方針を話し合います。公認心理師《こうにんしんりし》も、心理職としてのかかわり方を考えながらカンファレンスに参加します。

また、必要に応じて、ほかの診療科《しんりょうか》に入院している患者《かんじゃ》さんについても、神経精神科として治療《ちりょう》の手助けや薬のアドバイスができないか、みんなで考えます。

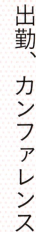

9:00

# 病棟《びょうとう》での回診《かいしん》

**？ どうして公認心理師《こうにんしんりし》が回診《かいしん》に行くの？**

精神科の医師
研修医
専門看護師


リエゾンチームのカンファレンス。患者《かんじゃ》さんや家族のなにげない言葉や行動も、だいじな情報です。ていねいに共有します。

病棟《びょうとう》看護師
△△さん、日中ぼんやりしていることが多くて…
夜間の不眠《ふみん》のせいかな？眠《ねむ》れない原因は何だろう？


患者《かんじゃ》さんの生活リズムや服薬の状況《じょうきょう》のほか、治療《ちりょう》を進めるうえでの困りごとを聞きます。

## リエゾンチームの一員として、患者《かんじゃ》さんのサポートにあたります

カンファレンスのあとは、リエゾンチームで病棟《びょうとう》へ回診《かいしん》に行きます。リエゾンチームとは、体の病気で入院・治療《ちりょう》している患者《かんじゃ》さんを、精神科の立場からサポートする専門チームです。この病院では、精神科の医師、研修医、専門看護師と、公認心理師《こうにんしんりし》で構成されています。リエゾンとは、「連携《れんけい》、連絡《れんらく》」という意味のフランス語。リエゾンチームは、担当医や看護師などの医療《いりょう》スタッフと連携《れんけい》（リエゾン）して、患者《かんじゃ》さんの精神的・心理的な問題に対するサポートを行うのです。

回診《かいしん》の前には、神経精神科の医局でリエゾンチームのカンファレンス。みんなでカルテを見ながら患者《かんじゃ》さんの状態を確認《かくにん》します。

カンファレンスが終わったら病棟《びょうとう》へ。まずはナースステーションに寄って、看護師に声をかけます。直接話を聞き、カルテには記録されない、より具体的な情報も集めます。

## 患者《かんじゃ》さんとどんな話をするの？

気持ちの落ちこみはありませんか？
前回来たときより落ち着いているみたいだな


病気や治療《ちりょう》の進め方についての不安、入院生活や退院したあとの困りごとなど、患者《かんじゃ》さんからの話を親身に聞きます。

じつは、家族のことが心配で…


1対1でじっくり話をすることで、悩《なや》みや不安を話してもらえることもあります。

※写真の相談者はモデルです。

### 病気や治療《ちりょう》についての不安、生活上の悩《なや》みなどを聞きます

リエゾンチームの回診《かいしん》では、病室を訪ねて患者《かんじゃ》さん一人ひとりと面接をします。まずは「おはようございます」「こんにちは」と、明るく声をかけながらベッドサイドへ。体につらいところはないか、夜はよく眠《ねむ》れているかなど、最近のようすや、困っていること、心配ごとなどを聞きます。話すときは、できるだけ患者《かんじゃ》さんと目線の高さを合わせ、話しやすい雰囲気《ふんいき》をつくります。初めての患者《かんじゃ》さんには、「担当の○○先生からのご紹介《しょうかい》で、お話を聞きにきました」と、回診《かいしん》に来たいきさつを伝えることもだいじです。

どんな悩《なや》みがあって、どのように対応してほしいのかは、人それぞれ。本人も原因がわからないまま、つらい気持ちをかかえていることもあります。公認心理師《こうにんしんりし》は心のケアの専門家として、患者《かんじゃ》さんの気持ちに寄りそい、最適なサポートの仕方を考えていきます。

## 担当医にはどんなことを伝えるの?

治療《ちりょう》への不安がとても高いようなので…
担当医

面接を終えたら、担当医に患者《かんじゃ》さんのようすを伝えます。症状《しょうじょう》に合わせて、対処法を提案したり、今後の方針について相談したりします。

心理検査の結果をもとに考えると…

心理検査の結果など、心理の専門分野に関しては、公認心理師《こうにんしんりし》から直接、担当医にくわしく説明することも。

### 現在のようすや症状《しょうじょう》だけでなく、生活歴も治療《ちりょう》の手がかり

医師の仕事は患者《かんじゃ》さんの病気やケガを治《ち》療《りょう》すること。その治療《ちりょう》がスムーズに進むよう、患者《かんじゃ》さんの心理面を支援《しえん》するのが、リエゾンチームの公認心理師《こうにんしんりし》の仕事です。

例えば、患者《かんじゃ》さんが、症状《しょうじょう》が改善せず、今後の見通しが立たないことに不安を感じている場合は、担当医にもう一度ていねいに治療《ちりょう》計画を説明してもらうようお願いし、その場への家族の同席を提案することもあります。

患者《かんじゃ》さんの生活歴も、治療《ちりょう》をスムーズに進める手がかりの一つです。生活歴とは、育ってきた環境《かんきょう》、学校や仕事、家族との関係など、生まれてから今までのその人の生活の歴史です。面接を通してわかった患者《かんじゃ》さんの生活歴を担当医に伝え、病気になる前のことに注目してもらうことで、診療《しんりょう》の仕方が変わり、精神的な症状《しょうじょう》が落ち着いて、治療《ちりょう》がうまくいく場合もあります。

COLUMN

# チーム医療《いりょう》の一員として…

**心理の専門家の立場から、治療《ちりょう》を支えます。**
**患者《かんじゃ》さんだけでなく、家族や医療《いりょう》スタッフにも心理的なサポートを。**

医師、看護師、薬剤師《やくざいし》、管理栄養士、リハビリ専門職、検査を行う技師、相談援助職《えんじょしょく》(ソーシャルワーカー)。病院では、専門的な知識をもつさまざまな職種のスタッフが連携《れんけい》しながら、患者《かんじゃ》さんの治療《ちりょう》やケアにあたっています。

一人の患者《かんじゃ》さんにかかわるすべてのスタッフを、一つのチームと考えて治療《ちりょう》やケアを行うのが、チーム医療《いりょう》です。チーム医療《いりょう》では、それぞれの専門性をいかし、患者《かんじゃ》さんやその家族にとってよりよい治療《ちりょう》を提供することを目指します。

チーム医療《いりょう》における公認心理師《こうにんしんりし》の仕事は、患者《かんじゃ》さんの心の病気や悩《なや》みごとによって治療《ちりょう》がとどこおらないよう、心理面から援助《えんじょ》することです。患者《かんじゃ》さん本人への直接的なサポートだけではなく、患者《かんじゃ》さんの家族への支援《しえん》や、患者《かんじゃ》さんにかかわる医療《いりょう》スタッフへのアドバイスなど、間接的なサポートも重要です。

うつ病などの気分障害、発達障害、認知症《にんちしょう》への対応、小児科《しょうにか》での発達検査や保護者のケア、がんや終末期の緩和《かんわ》ケア(12ページ)など、専門的な知識にもとづく心理ケアは、今後ますます求められるでしょう。チーム医療《いりょう》での公認心理師《こうにんしんりし》の活躍《かつやく》が期待されます。

チーム医療《いりょう》では、多くの職種が連携《れんけい》するため、電子カルテやカンファレンスでの情報共有がだいじ。院内で顔を合わせたときにも、こまめに報告や相談をしています。

## 12:00 昼休み

○○さんの
不安の背景には
何があるのかな？

? 公認心理師《こうにんしんりし》も
カルテを書くの？

病室などで患者《かんじゃ》さんと面接をしたら、できるだけすぐに電子カルテに記入。面接の前にも、カルテを見て情報を収集します。

ランチのあとで、同僚《どうりょう》たちと院内のカフェでおしゃべり。ときには仕事の相談をすることもあります。

### カルテには、診療《しんりょう》にたずさわったすべての職種が情報を記入

カルテとは、患者《かんじゃ》さんの診療《しんりょう》の記録。患者《かんじゃ》さんの今後の治療《ちりょう》方針を立てるときなどに役立ちます。最近は、院内ですばやく情報を共有できる電子カルテが一般的《いっぱんてき》です。カルテには、医師だけでなく、診療《しんりょう》にたずさわったすべての職種が記入します。もちろん、公認《こうにん》心理師《しんりし》も例外ではありません。面接のときの患者《かんじゃ》さんのようすや話した内容などを記録します。その患者《かんじゃ》さんにかかわるすべての職種の人が見るものなので、情報は正確にわかりやすく。そして、なるべく早く更新《こうしん》することが重要です。他職種の仕事に役立つ情報を提供することも心がけています。

午前中の仕事を終えると、あっという間に昼休みの時間です。医局や食堂で昼食をとります。患者《かんじゃ》さんの心の問題と向き合う公《こう》認心理師《にんしんりし》には、気分転換《てんかん》も大切。リフレッシュして午後の仕事に備えます。

13:00

# 患者《かんじゃ》さんとの面接

**面接をするときに気をつけていることは?**

きょうは どのようなお困りで いらっしゃったのですか?
じつは 仕事のことで 悩《なや》んでいて…

面接では、患者《かんじゃ》さんの表情や話し方を観察することもだいじ。その人の特性やかかえている問題を一つずつていねいに明らかにしていきます。
※写真の相談者はモデルです。

## 患者《かんじゃ》さんを一人の人間として多面的に理解するよう努めます

午後は外来の患者《かんじゃ》さんを中心に面接を行います。数回の面接で終わる人もいれば、何年も継続的に行うケースもあります。

いちばん最初に行う面接を、インテークといいます。インテークでは、患者《かんじゃ》さんがかかえる問題やその背景を明らかにするために、症状《しょうじょう》や生活についてくわしく話を聞きます。話してもらう内容は、今の気分や、家族、生活、仕事について、過去に悩《なや》みがあったときにどう対処したかなど。いろいろな面から、その人の性格や暮らしをとらえていきます。

面接のときは、話にしっかりと耳をかたむけ、表情や話し方、仕草も観察して、患者《かんじゃ》さんの心の状態を把握《はあく》するよう努めます。このとき、「病気をわずらっている人」いう前提ではなく、一人の人間として向き合うことがだいじ。本人の希望や理想を聞き、問題への対処の仕方をいっしょに考えていきます。

## ？ 心理検査って、何がわかるの？

資料と照らし合わせて、患者《かんじゃ》さんのかいた絵の内容を分析《ぶんせき》。検査結果を評価します。

性格の傾向《けいこう》を知るための心理検査のなかには、その場で患者《かんじゃ》さんに絵をかいてもらうものも。検査は、手順や言葉づかいなど、決まりどおりに行わないと、結果がゆがむことがあるので、注意が必要です。

※写真の相談者はモデルです。

### 性格の傾向《けいこう》を調べたり、知的な能力をはかったりします

患者《かんじゃ》さんの心の状態を把握《はあく》するため、面接のほかに、必要に応じて心理検査も行います。心理検査には多くの種類がありますが、大きく2種類に分けることができます。一つは性格の傾向《けいこう》を調べる人格検査、もう一つは知的な能力をはかる知能検査です。いずれの検査も、やり方には厳密な決まりがあり、結果の基準には明確な指標があります。

心理検査は、患者《かんじゃ》さんがかかえる問題の原因を明らかにし、対処法を考えるのに役立ちます。性格は、ものの考え方に深くかかわりますし、知的な能力は、ものごとにうまく対処できるかどうかに影響《えいきょう》するからです。

検査結果は医師や患者《かんじゃ》さん本人に伝え、今後どうしていくかをいっしょに考えていきます。とはいえ、心理検査はあくまでも問題解決の手がかりの一つ。それだけで何かを決めることはありません。

COLUMN

# 科学にもとづく心理検査

**心理検査は、心という目に見えないものを調べるために専門家が時間をかけて研究、開発した科学的な方法です。**

公認心理師《こうにんしんりし》をはじめとする心理職は、心の問題をかかえる人に心理的な援助《えんじょ》を行いますが、どんな援助《えんじょ》の方法が適しているかを判断するためには、相談者の心理的な特性や心の状態を正しく評価する必要があります。これを心理査定（アセスメント）といいます。評価といっても、よい悪いを決めるのではなく、情報を集めて分析《ぶんせき》し、援助《えんじょ》の方法を検討することが目的です。心理査定の手段として、関係者からの情報聴取《ちょうしゅ》や実際場面の観察、そして面接があり、心理検査があります。

体とちがって心は目に見えません。そこで、相談者に質問に答えてもらったり、絵や文で自由に表現してもらったりすることで間接的に心を調べる、心理検査という手法が生み出されました。現在行われているさまざまな心理検査は、専門家が時間をかけて研究、開発したものです。作成にあたっては、多くのデータを集めて統計をとったり、内容について検証をくり返したりします。そうして、安定した結果が得られるという信頼性《しんらいせい》、調べたいことを調べられているという妥当性《だとうせい》を高めたものが、広く認められていきます。

心理検査の内容は、専門家以外には秘密にされています。検査を受ける人があらかじめ内容を知っていると、結果にゆがみが生じるおそれがあるからです。心理検査は何度も気軽に実施《じっし》できるものではなく、無関係な人に簡単に内容を知られてよいものではありません。遊び半分でやるいわゆる「心理テスト」とはちがって、科学的で専門的なものなのです。

15:00

# グループ療法《りょうほう》

## グループで心理療法《りょうほう》をするのは何のため?

ストレスがどんな形で現れるかは、人によってそれぞれちがいます
ストレスとのつきあい方

心理職が司会のような役割を果たすことも。状況《じょうきょう》を見ながら一人ひとりに声をかけていきます。場合によっては精神科の医師も参加します。

※写真の参加者はモデルです。

## 他者とのかかわりのなかで問題解決へのヒントが得られます

1対1の面接のほかに、複数人で行うグループ療法《りょうほう》という心理療法《りょうほう》があります。グループ療法《りょうほう》では、同じ問題をかかえる患者《かんじゃ》さんたちが集まって話をします。ほかの参加者の姿を通して自分を知り、問題解決のヒントを得るのです。公認《こうにん》心理師《しんりし》などの心理職は、参加者全員が安心して話せるように場の雰囲気《ふんいき》を保つとともに、各自が心理的に成長できるよう手助けします。

グループ療法《りょうほう》は、心理教育(35ページ)として行う場合もあります。日々の生活で気をつけること、薬の服用に関する注意点、ストレスとのつき合い方など、テーマに応じて医師、看護師、薬剤師《やくざいし》といった医療職《いりょうしょく》が、正しい情報を提供。ただし、一方的に医療職《いりょうしょく》から患者《かんじゃ》さんに教えるのではなく、当事者にしかわからない困りごとを挙げてもらい、みんなで対処法を考えていきます。

資格を得てからも
勉強するの?
明日、
予約が入っている
患者《かんじゃ》さんは…

17:20

# 終業

おつかれさまでした！

心理学や医学の研究は日進月歩。新しい情報をキャッチし、勉強し続けて、日々の仕事に役立てています。

## 心理学だけでなく医学についても常に学び続けることが必要

夕方になると医局へもどり、電子カルテの記入や、翌日の準備をします。カルテを読んで患者《かんじゃ》さんの情報を集めたり、資料を読んでカウンセリング方法を検討したりと、やることはたくさんあります。

病院で働く公認心理師《こうにんしんりし》は、医師をはじめとするさまざまな医療職《いりょうしょく》と連携《れんけい》して仕事をしています。患者《かんじゃ》さんの情報を共有したり、治療《ちりょう》方針を提案したりするには、自身の専門分野である心理学に関する勉強だけでなく、医学的な知識を学ぶことも求められます。

終業後、ほかの病院で働く心理職と電話やメールでやりとりをして、新たな病気の診《しん》断《だん》基準や検査の技法について相談したり、休日に学会や勉強会に参加したりすることも、めずらしくありません。患者《かんじゃ》さんによりよい心のケアを提供するため、公認心理師《こうにんしんりし》は常に新たな知識を学び続けているのです。

# 学校で働く公認心理師《こうにんしんりし》の一日

取材に協力してくれた
公認心理師《こうにんしんりし》さん

**神井《かみい》 知子《ともこ》さん（48歳《さい》）**
目白研心《めじろけんしん》中学校・高等学校
スクールカウンセラー
公認心理師《こうにんしんりし》、臨床心理士《りんしょうしんりし》

## Q どうして公認心理師《こうにんしんりし》になったのですか？

地方自治にたずさわっていた父が、さまざまな相談に応じていたことの影響《えいきょう》があります。妹が生まれて子どもの発達に興味をもち、児童福祉《ふくし》や文学にも関心があったので、幅広《はばひろ》く学べる大学に進学。心理学を修めました。教育相談室（※）に勤務後、学校現場で支援《しえん》がしたいと思い、スクールカウンセラーになりました。

## Q この仕事のおもしろいところは？

チームでとり組めるところと、生徒の成長を見られるところです。教師や保護者、それぞれが別の立場からかかわることで、心理職だけでは気づかない視点を得られます。生徒自身ができないと思っていたことができるようになったときなど、成長をいっしょに感じられた瞬間《しゅんかん》に、やりがいを感じます。

### ある一日のスケジュール

**9:40 出勤、朝の打ち合わせ**
▼
**9:50 カウンセリングルームの準備**
▼
**10:30 校内巡回《じゅんかい》**
▼
**11:00 保護者からの電話相談**
▼
**12:00 昼休み**
▼
**15:30 生徒との面談**
▼
**17:00 記録の整理**
▼
**17:30 終業**

※教育相談室：教育についての相談を受け、必要な心理的援助《えんじょ》を行う施設《しせつ》。各自治体の教育委員会が設けている。

## 9:40

# 出勤、朝の打ち合わせ

**?**
**ほかの教師とはいつどんなふうに情報を共有するの?**

おはよう
ございます!

来週は
保護者面談
ですね
その期間は
短縮授業に
なります
教頭

学校行事の日程や授業時間の変更《へんこう》などについては、その都度《つど》情報共有が必要。外部との連携《れんけい》の状況《じょうきょう》についても、教頭に報告します。

### 出勤したら職員室へ。教頭や教師たちと個別に打ち合わせ

出勤すると、事務室でカウンセリングルームのかぎを受けとり、職員室へ向かいます。出勤簿《しゅっきんぼ》に記入したら、時間を見つけて教師たちと情報共有を行います。教頭と学校行事やその準備期間などの日程を確認《かくにん》するのは、朝の日課。行事の前後は、特に対人関係のトラブルが増える傾向《けいこう》があります。

また、子ども家庭支援《しえん》センターやフリースクール、発達支援《しえん》センターといった外部機関とのやりとりについても報告を行います。

職員室にいると、担任の教師から相談を受けることも。問題や困りごとをかかえている生徒に対して、教師としてどのようにサポートをしたらいいか、保護者への連絡《れんらく》はどうするかなど、相談の内容はさまざま。生徒と直接話したほうがよさそうな場合は、カウンセリングルームへ相談に来るように、教師から生徒へ伝えてもらうこともあります。

# 9:50 カウンセリングルームの準備

**心理相談に適した環境《かんきょう》ってあるの?**

植物や絵画、ぬいぐるみなどの小物を置いてあるのは、緊張《きんちょう》をほぐす効果があるため。会話のきっかけにもなります。

## 相談に来た人がリラックスできる気持ちのよい空間にします

朝、カウンセリングルームに来たら、まずは窓を開けて空気の入れかえ。それから、軽くそうじをして植物に水をやります。カウンセリングルームは学校のなかでも特別な場所。できるだけ気持ちのよい空間をつくるよう心がけています。

環境《かんきょう》は人の心に大きく影響《えいきょう》します。例えば、明るい部屋のほうが、気分が軽くなってスムーズに会話ができるなどです。生徒がリラックスした状態で相談できるように、環境《かんきょう》を整えておくことも、スクールカウンセラーのだいじな仕事なのです。

カウンセリングルームの大きさや雰囲気《ふんいき》は、学校によってさまざま。部屋のドアだけでなく、大きな仕切りを置いて、入口から相談者が見えないようにするなど、生徒のプライバシーを守り、周りを気にせず話ができるようにくふうしています。

## 養護教諭《きょうゆ》とスクールカウンセラーはどんな関係？

昼休みの予約は初めて来る子だな

スクールカウンセラーに相談をしたい生徒は、カウンセリングルームの入口にあるポストに予約票を入れるか、担任の先生から紹介《しょうかい》を受けて、日時を約束します。

○○さん、体調不良が続いています
気になりますね
養護教諭《きょうゆ》

養護教諭《きょうゆ》とは、生徒とどんな話をしたか、昨日はどんなようすだったかなど、細かく報告し合います。

### 心と体の両面から生徒を支えるため、密に連携《れんけい》

室内の環境《かんきょう》を整えたら、きょうの面談の予約を確認《かくにん》し、生徒たちの出席状況《じょうきょう》をパソコンでチェック。出欠に関する情報は、学校全体で共有できるように管理されています。面談予約の有無《うむ》にかかわらず、遅刻《ちこく》や欠席が目立ったり、長期間続いていたりする生徒のことは、気にかけておきます。

予約と出欠の確認《かくにん》のあとは、保健室を訪ねて養護教諭《きょうゆ》と情報共有。心の問題と体調は、密接にかかわっています。また、問題をかかえる生徒が、保健室に居場所を求めるというケースも少なくありません。スクールカウンセラーは、日常的に生徒の心身のケアをする養護教諭《きょうゆ》と、密に連携《れんけい》をとる必要があるのです。集団になじむのが難しいなど、学校全体で見守りが必要な生徒のことは、養護教諭《きょうゆ》とだけでなく、教師みんなで情報を共有してサポートします。

# 10:30

# 校内巡回《じゅんかい》

？ 校内を回って何を見ているの？

生徒の日ごろの学校生活を知るために、校内を巡回《じゅんかい》。実際に足を運んで現場を見ることで、気がつくこともあります。

どんなようすで参加しているかな？

どの生徒のようすを見ているのかが、ほかの生徒にわかってしまわないように、さりげなく観察します。

## 校内や各クラスの雰囲気《ふんいき》、生徒の教室でのようすを観察

空き時間には、校内を巡回《じゅんかい》して生徒たちのようすを見に行きます。特に、入学したばかりの学年では、うまく学校になじめないなどの問題が起こりやすいため、各クラスがどんな雰囲気《ふんいき》か、注意深く見回ります。この学校では、入学時の校内見学で、生徒全員にカウンセリングルームに来てもらい、スクールカウンセラーの存在を知ってもらうようにしています。

学校全体の雰囲気《ふんいき》だけでなく、相談を受けている生徒のようすを個別に見に行くこともあります。教室ではどのように過ごしているか、どのような体験をしているのか、実際のようすを見て、生徒の個性について理解を深めます。カウンセリングルームでのようすも、教室でのようすも、どちらもその生徒の本当の姿。生徒の全体像をつかむために、校内の巡回《じゅんかい》は役に立ちます。

## 教師とはどんなふうに連携《れんけい》するの？

先日ご相談した件ですが…

校内で顔を合わせたときに、教師から生徒についての相談や対応へのアドバイスを求められることも。

笑顔《えがお》が見られてよかった
神井《かみい》先生、こんにちは！

廊下《ろうか》ですれちがって、あいさつをする生徒。目線を交わすなど、言葉には出さずに元気なことを伝えてくることもあるそうです。

### 生徒の特性や問題について共有。それぞれの立場から支援《しえん》します

校内を歩いていて、廊下《ろうか》ですれちがうと気軽に声をかけて話しかけてくる生徒もいれば、会ったことがないようにふるまわれることもあります。性格やペースも人それぞれ。一人ひとりの生徒に寄りそった臨機応変《りんきおうへん》な対応が求められます。

そのためには、教師との連携《れんけい》が重要です。問題が起きたときには、教師は指導、スクールカウンセラーは心理的なケアと、それぞれの立場をいかして支援《しえん》します。生徒の生活態度の問題については、生徒指導部の教師と協力します。また、いじめに関する校内アンケートの内容をいっしょに考え、結果を共有して話し合ったりもしています。

必要に応じて、職員会議や保護者相談会にスクールカウンセラーが参加し、教師や保護者に向けて助言をすることで、生徒を間接的にサポートすることもあります。

11:00

# 保護者からの電話相談

## 保護者からの相談で気をつけていることは?

メモをとりながら話を聞きます。しっかりと耳をかたむけ、共感し、今できていることを見つけて、認めることを心がけています。

そうでしたか。ひと安心ですね

つかれが出ていないかな?

電話は顔が見えないので、相手の話すスピードや声の高さなどもだいじな情報です。

## まずは気持ちを受け止めてから、いっしょに考えていきます

保護者が相談のために来校したり、電話をかけてきたりすることも多くあります。発達障害や心の病気、人間関係、家庭の問題など、悩《なや》みや困りごとは多種多様。今現在、生徒がどんな状態か、スクールカウンセラーにどのようにサポートしてほしいかも、1件ずつちがいます。

相談を受けたときは、まず話を聞いて、保護者の気持ちを受け止めます。ときには、生徒ではなく保護者自身が、不安や困りごとをかかえている場合もあります。

問題を解決するには、相談してきた本人とは別の視点を提案することも重要です。ただし、答えを示すのではなく、その人の感じ方や考え方を尊重しなければいけません。今できていることはどんなことで、これからどうしていきたいのか。保護者の気持ちに寄りそい、いっしょに考えていくのです。

COLUMN

# チームとしての学校

**教師と専門スタッフが協力し、地域・家庭とも連携《れんけい》して学校を運営。スクールカウンセラーもチームの一員として専門性を発揮します。**

長期欠席、いじめ、心の病気、発達障害……。子どもたちがかかえる問題、子どもたちをとり巻く環境《かんきょう》は、より複雑で難しいものになっています。それにともない、学校に求められる役割も大きく、そして幅《はば》広くなっているのが現状です。

さまざまな課題を解決しつつ、充実《じゅうじつ》した教育を行っていくためには、教師だけでなく、さまざまな専門スタッフの力が必要だと考えられています。そこで今注目されているのが、校長をリーダーとして、教師とそのほかの専門スタッフが協力し、地域・家庭とも連携《れんけい》して学校を運営していく「チーム学校」という考え方です。

「チーム学校」が実現すると、これまで教師がになってきた多様な業務を、事務職員、学校司書、スクールカウンセラー、スクールソーシャルワーカーといった専門スタッフが分担することになり、教師は授業や生徒指導により専念できるようになります。

チームとして学校が機能するためには、教職員一人ひとりが自分の専門性をいかし、最大限に力を発揮することのできる環境《かんきょう》が欠かせません。スクールカウンセラーは、専門スタッフとして業務を分担するだけでなく、教師をはじめとするすべての学校関係者がいきいきと働けるように、心理的なサポートやアドバイスを提供することでも、学校運営の力になれる存在です。

## 「チーム学校」のイメージ

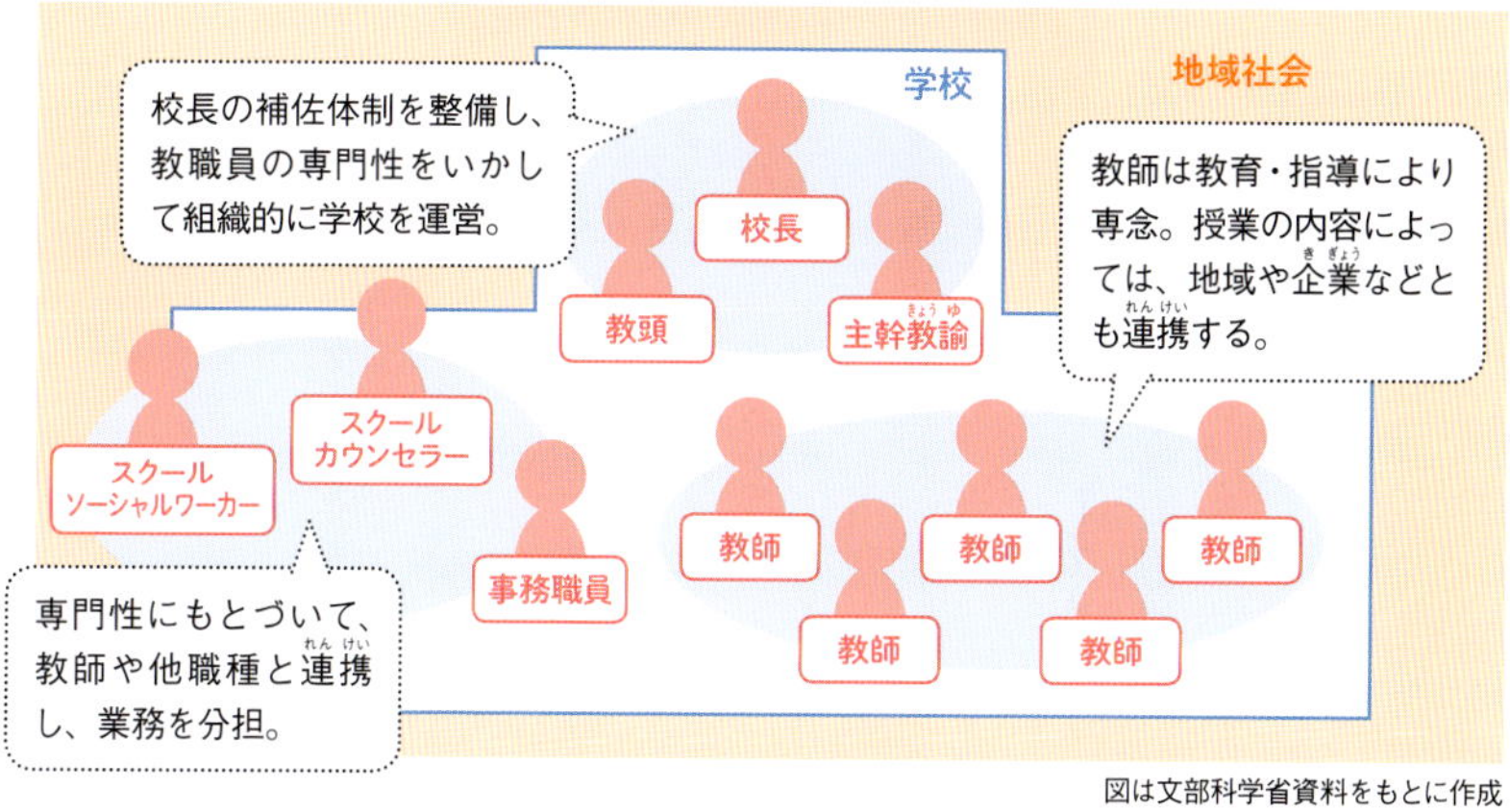


図は文部科学省資料をもとに作成

## 12:00

# 昼休み

### ？ 昼休みは何をしているの？

そんなことがあったんですか？
看護師
養護教諭《きょうゆ》

この学校の保健室には、養護教諭《きょうゆ》のほかに看護師も勤務しています。スクールカウンセラーは、必要に応じて看護師とも連携《れんけい》します。

昼休みには、カウンセリングの予約をしていない生徒が訪ねてくることもよくあります。

## 昼休みや放課後は面談の時間。昼食、休憩《きゅうけい》は時間をずらして

昼休みや放課後、スクールカウンセラーは大いそがし。生徒にとっては授業がない時間帯なので、面談の予約が入っていることがほとんどです。まれに予約がないときは、だれでも入れるように、カウンセリングルームを開放しています。また、生徒が比較的《ひかくてき》自由に行動できる時間なので、トラブルも発生しやすく、緊急《きんきゅう》の仕事が入ることもあります。

いそがしい昼休みを過ごすのは、養護教諭《きょうゆ》も同じです。保健室には、ひっきりなしに生徒がやってきます。

そのような事情で、スクールカウンセラーや養護教諭《きょうゆ》は、昼休みの時間に昼食や休憩《きゅうけい》をとることができません。生徒の昼休みとは時間をずらして、休憩《きゅうけい》をとっています。保健室でいっしょにランチを食べながら、つかの間のリラックスタイム。生徒のようすなど、情報共有を行うこともあります。

15:30

# 生徒との面談

?

面談は一人ずつするもの？

一人でつらかっただろうな
どうすればいいのかなと…

1対1の面談では、じっくりと話を聞くことができるのが利点です。生徒が話しやすいように声をかけます。

今の言葉をそのまま伝えてみたら？

クラスの問題や部活動でのトラブルなど、何人かの生徒がグループで相談にくることもあります。

※写真の相談者はモデルです。

## 個人面談やグループ面談、相談内容によってさまざまです

生徒との面談は、1対1で行うことがほとんどですが、担任の教師がいっしょに面談をすることもありますし、ときには数人のグループで話し合うこともあります。生徒の特性や相談内容によって、かかわり方はさまざまです。どの面談も、目安として1件あたり50分という時間を設定していますが、内容はそれぞれちがいます。

スクールカウンセラーの仕事は、相談に訪《おとず》れた生徒が、学校でも家庭でも自分らしく過ごしていけるようにすること。気持ちや考えを整理するために話をしたり、問題・課題についていっしょに考えたりします。また、本人も気づいていない自分の特徴《とくちょう》を知るために、人間関係や感情に関するチェックシートを利用することもあります。心を落ち着かせる呼吸法など、心と体の結びつきを利用した簡単な心理トレーニングも行います。

## 17:00 記録の整理

? 相談の内容は秘密にしてくれるの?

相談の
申しこみが
増えているな

空き時間がない日は、記録の整理を夕方にまとめて行うことに。放課後の面談や教師からの相談なども多いため、終業時間を過ぎてしまうこともあります。

## 17:30 終業

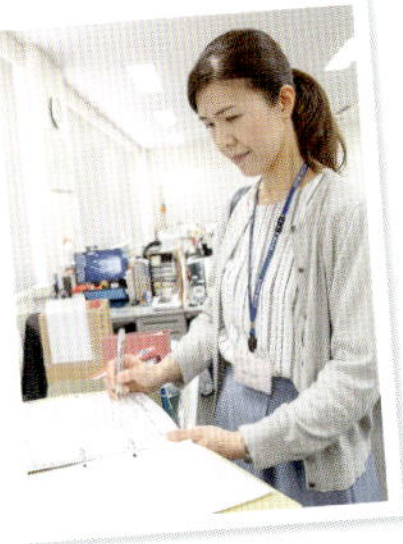

おつかれさまでした!

### 相談者の秘密を守る義務があり、情報は厳重に管理しています

面談や電話相談については、相談の経過をあとから見返して変化をたどれるように、内容を1件ずつ記録します。教師や保護者にあてた報告書を作成することもあります。

ただし、報告書に書けるのは、相談者がほかの人に伝えてもよいと許可した内容だけ。なぜなら、公認心理師《こうにんしんりし》には、法律で秘密保持義務が定められているからです。相談者の命や健康にかかわることなどは例外ですが、基本的に、相談者から聞いた情報や内容は、ほかの人にもらしてはいけません。相談の記録は、かぎをかけて厳重に管理しています。

書類の作成が済めば終業です。終業後や休日は、勉強をして知識を深めたり、趣味《しゅみ》を楽しんだりして過ごします。面談した生徒が好きだと言っていたマンガや映画を見ることも。その生徒の世界をイメージしやすくなり、自分の世界も広がります。

COLUMN

# 心理教育も大切な仕事

**心の健康に関する知識や技術を伝えることで、問題や困りごとに対処できるようにしたり、未然に防いだりします。**

心の健康について知ってもらうために、教育や情報提供などを行うことを、心理教育といいます。公認心理師《こうにんしんりし》の大切な仕事の一つです。

心理教育の対象は、今問題をかかえている人だけではありません。ストレスへの対処の仕方、よりよい人間関係のつくり方、感情のコントロールや表現の仕方といった知識や技術を伝えることは、心の健康を保ち、問題が起こるのを予防することにつながります。また、今後、何か困りごとが起きたときの助けにもなります。

いざというときに相談できる場所や人の存在を知ってもらうのもだいじなことです。相談ダイヤルを案内したり、相談機関や施設《しせつ》があることを紹介《しょうかい》したりして、必要に応じて利用できるようにうながします。また、万が一の事故や災害時の心理的ケア、心の病気に関する正しい知識を広めることも大切です。

学校でスクールカウンセラーとして働く公認心理師《こうにんしんりし》の場合、おたよりをつくって生徒に配布する、道徳の時間などに授業をするといった形で、心理教育を行っています。相談に来た生徒や保護者、教師などに、心理的なセルフケアのやり方を個別に教えることもあります。

心のケアは決して特別なことではなく、だれもが必要になる可能性のあるもの。そのことに気づいてもらうのも、心理教育の重要な目的です。

神井《かみい》先生がつくったおたより。季節ごとの生徒たちの生活を意識して、役に立つ知識を選び、伝えています。

インタビュー編
公認心理師《こうにんしんりし》の資格がいかせる仕事

INTERVIEW 1

# 働く人のメンタルヘルスを支援《しえん》する心理職

坂井《さかい》 一史《ひとし》さん

住友商事グループ
SCGカウンセリングセンター
公認心理師《こうにんしんりし》

きょうはどう されましたか？


相談者がリラックスできるように、オフィスとはちがう雰囲気《ふんいき》の家具を用意したり、アロマをたいたりと、くふうしています。

今週中に 資料をつくら ないと…


相談を受けている以外の時間はだいたいデスクワークです。研修の資料をつくったり、運営の事務作業を行ったりしています。

最近、 部下のようすが 心配で…
どんな事情が あるのだろう？


「部下の心理面が心配」という上司から相談を受けることもあります。そのようなときは、リラックスできる場所というよりも、打ち合わせがしやすい場所で話を聞きます。

※写真の相談者はモデルです。

## Q1 どんな仕事をしているのですか?

現在勤務しているカウンセリングセンターは、企業《きぎょう》グループの各社で働く人のために企業内《きぎょうない》に開設されている相談室です。週5日、10時から18時は社内で仕事をしています。仕事の内容の半分以上はカウンセリングセンターでの心理相談です。悩《なや》みや問題をかかえる人、成長したい人と面談をして、その人が元気に働けるように支援《しえん》を行います。そのほかに、メンタルヘルス関連の研修などの講師をすることもあります。心理に関する業務以外に、カウンセリングセンターの運営のための仕事をしたり、会議に出たりもしています。

## Q2 おもしろいところややりがいは?

企業《きぎょう》で働く人たちには家族がいて、家族と支え合いながら暮らしています。働く人が不安やストレスから心の健康をそこなってしまうと、その家族は元気に暮らせなくなってしまいます。逆に、家族が心に問題をかかえていることが、働く人の心身に影響《えいきょう》を与《あた》えることもあります。今の私の仕事は、働く人を支援《しえん》することで、その人自身はもちろん、家族のことも笑顔《えがお》にする仕事だと思っています。実際に相談に来た人やその家族が笑顔《えがお》になっていく姿を見たり、そういう話を聞いたときに、喜びを感じます。

## Q3 なぜこの仕事に就《つ》いたのですか?

大学生のころ、自分の周りにいる大人たちが楽しそうに仕事をしていないことに疑問を感じ、悩《なや》みながら仕事をしている大人たちへの支援《しえん》の仕事に興味をもちました。自分の周囲にいる人たちが楽しく生活できるといいなというのが、この仕事に就《つ》きたいと思った最初の気持ちだったと記憶《きおく》しています。心理職として働くようになってからは、ずっと働く人の支援《しえん》をしています。以前は、企業外《きぎょうがい》の組織に所属して、企業《きぎょう》から依《い》頼《らい》を受けて仕事をしていましたが、今は企業《きぎょう》グループの社員として、同じ企業《きぎょう》グループで働く人の支援《しえん》をしています。

### どうして企業《きぎょう》がメンタルヘルス対策をするの?

仕事をするなかで働く人が感じる強い不安やストレスが、心の病気や自殺につながるケースがあとを絶たないことを受けて、厚生《こうせい》労働省は企業《きぎょう》に対し、メンタルヘルス対策へのとり組みを強く求めています。また、働く人が健康でいることが企業《きぎょう》の業績にもよい効果をもたらすといわれており、「健康経営」という考え方のもと、積極的にメンタルヘルス対策にとり組む企業《きぎょう》が増えています。

INTERVIEW 2

# 児童福祉施設《ふくししせつ》で働く 心理職

インタビュー編
公認《こうにん》心理《しんり》師《し》の資格が
いかせる仕事

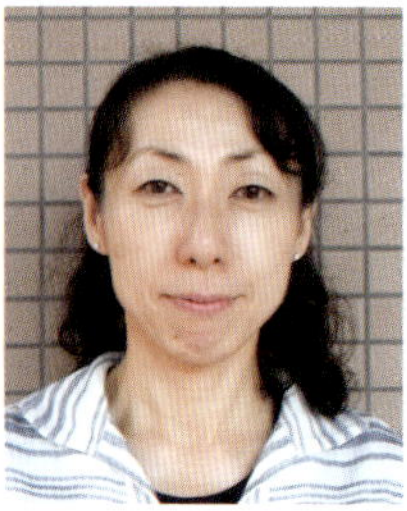

**瀧井《たきい》 有美子《ゆみこ》さん**
社会福祉《ふくし》法人 横浜博萌会《よこはまはくほうかい》
児童心理治療施設《ちりょうしせつ》 横浜《よこはま》いずみ学園
公認心理師《こうにんしんりし》

小さな集団での活動を通して、人とのかかわりを練習したり、いっしょに何かをつくり上げる達成感を味わったりします。写真は、七夕飾りを高齢《こうれい》者施設《しゃしせつ》に飾りに行くボランティア活動の準備。

担当する子どもとは、時間をとって個別に心理療《りょう》法《ほう》を行います。子どもの心理療法《りょうほう》では、箱庭や絵を使って自由に心の内を表現することをうながすこともあります。

めずらしいな。あとで話を聞いてみよう
○○ちゃん、深夜にこわい夢を見たと起きてきました

子どものようすを報告し合い、ケアを検討するミーティング。毎朝、1時間以上かけて行います。

生活フロアや居室でいっしょに過ごしたり、行事を楽しんだりすることで、子どもとの関係や理解が深まり、支援《しえん》の幅《はば》も広がります。

※グループ活動、心理療法《りょうほう》の写真は、実際の場面ではなくイメージ写真です。

## Q1 どんな仕事をしているのですか？

私の勤務先は児童心理治療施設《ちりょうしせつ》といって、心理的に多くの生きづらさをかかえた子どもたちが入所して生活しています。子どもの世話をする福祉職《ふくししょく》を中心に、24時間ケアがとぎれないよう勤務しています。心理職である私も、日勤に加えて月に1～2回の当直勤務をしています。スタッフ間で最善の方法を検討しながら子どもへのケアにあたります。定期的な子どもとの心理療法《りょうほう》、家族との面接などのほか、児童相談所や学校、医療《いりょう》機関と、子どもへの支援《しえん》について話し合うことも多いです。施設内《しせつない》での行事の企画《きかく》や準備もしています。

## Q2 おもしろいところややりがいは？

食事や寝起《ねお》きなど日常生活をともにでき、そこでの支援《しえん》をくふうできるおもしろさがあります。子どもたちのなかには、その生《お》い立《た》ちによって、怒《いか》りや悲しみ、絶望感でいっぱいになっている子もいます。子ども自身やスタッフと話し合いを重ね、みんなでケアを続けていくなかで、ふと気づくと、子どもの表情がやわらいでいたり、いきいきと活動していたりする姿に出会います。それまでの苦労がふき飛ぶ瞬間《しゅんかん》です。このような子どもの心の成長に立ち会えることは、この仕事に打ちこむ原動力の一つです。

## Q3 なぜこの仕事に就《つ》いたのですか？

心の発達に関心があり、大学に入学しました。授業を受けるなかで、臨床《りんしょう》心理学(41ページ)の分野にひかれ、大学院に進学。専門性を高めるために、大学院での勉強や現場での体験を重ねました。現在の職場で働くことになったのは、大学の恩師からの紹介《しょうかい》です。福祉職《ふくししょく》や医《い》療職《りょうしょく》、学校の教師など、子どもの成長を支える多職種のチームの一員として、個別の心理療法《りょうほう》だけでなく、生活のなかでのケア、集団での活動、家族への支援《しえん》など、幅広《はばひろ》い場でさまざまな人とかかわり、心理職としての専門性をいかせることに魅力《みりょく》を感じました。

### 児童福祉施設《ふくししせつ》とは…

児童福祉施設《ふくししせつ》は、さまざまな事情から家族による養育が難しい子どもたちが、入所して生活するところです。子どもの年齢《ねんれい》や状況《じょうきょう》に合わせ、児童養護施設《しせつ》、乳児院、母子生活支援施設《しえんしせつ》、児童心理治《ち》療施設《りょうしせつ》、児童自立支援施設《しえんしせつ》など、多くの種類があります。心理的援《えん》助《じょ》にあたる心理職の働き方はさまざま。日勤でおもに心理療法《りょうほう》を担当する施設《しせつ》もあれば、生活のケアにもたずさわる施設《しせつ》もあります。

INTERVIEW 3

# 高齢者《こうれいしゃ》を支援《しえん》する心理職

**桑田《くわた》 直弥《なおや》さん**
東京都健康長寿《ちょうじゅ》医療《いりょう》センター
リハビリテーション科
公認心理師《こうにんしんりし》

物忘れの具合は
いかがですか?

面接や心理検査では、脳の病気の影響《えいきょう》や認知《にんち》症《しょう》など、患者《かんじゃ》さんの状態や困りごとに合わせて、記憶《きおく》や理解の評価やトレーニングを行っていきます。

※写真の相談者はモデルです。

つつじが
きれいな季節に
なりましたよ

リハビリは部屋の中でだけでなく、施設内《しせつない》の庭を回りながら行うこともあります。気分転換《てんかん》をしたり、季節の変わり目を実感してもらったりすることも、大切な支援《しえん》になります。

この方の
認知症《にんちしょう》の特徴《とくちょう》と
対応は…

認知症《にんちしょう》の人を介護《かいご》している家族に向けて、学習会も行っています。認知《にんち》症《しょう》に関する知識や介護《かいご》技術をわかりやすく紹介《しょうかい》し、前向きに受け止めてもらえるように心がけています。

## Q1 どんな仕事をしているのですか？

高齢者《こうれいしゃ》専門の病院で週5日、常勤スタッフとして働いています。急性期*のリハビリテーション科のため、平均14日という短期間で結果を出すことが求められます。医師、看護師、リハビリ専門職*とともに、頭と体の両面からリハビリを行い、患者《かんじゃ》さんといっしょに退院を目指す仕事です。まずは患者《かんじゃ》さんに意欲をもち直すとともに、現在の状態を把握《はあく》してもらい、復帰目標を定めます。同時に、心理検査によって記憶《きおく》や理解といった能力の状態を見定め、苦手な部分をのばすために、患者《かんじゃ》さんの状態に応じたリハビリ内容を考えます。

## Q2 おもしろいところややりがいは？

入院直後、会話もできず寝《ね》たきりの状態だった人が、言葉で会話ができるようになり、車いすで移動できるようになり、苦手だった記憶《きおく》の課題を上手にできるようになるというように、患者《かんじゃ》さんの変化が目に見えるのでやりがいがあります。また、リハビリ内容を自分で考えてつくれるところもおもしろいです。例えば、記憶《きおく》が苦手といっても、覚えるところなのか、思い出すところなのか、言葉なのか、数字なのか、その問題は百人百様です。状態を見きわめ、相手に合わせたリハビリ内容を考えています。

## Q3 なぜこの仕事に就《つ》いたのですか？

小学4年生のとき、父方の曾祖母《そうそぼ》が、がんで長期入院。病院へお見舞いに行き続けていましたが、曾祖母《そうそぼ》は孫である私の名前などを忘れてしまいました。入院中に認知症《にんちしょう》を発症《はっしょう》したのです。外見は変わらないのに曾祖母《そうそぼ》の内面が変化してしまったこと、医師の治療《ちりょう》でも治らない病気があることに大きなショックを受けました。そこで、医師とは異なる形での支援《しえん》ができる臨床《りんしょう》心理学*を知り、自分の生涯《しょうがい》の仕事にしようと決めました。高齢者《こうれいしゃ》にかかわる仕事がしたくて、大学生のころから病院や老人ホームでアルバイトやボランティアをしていました。

**急性期**

病気になったりケガをしたりした直後の時期。体の状態の急激な変化に対する手厚い治療《ちりょう》が必要。

**リハビリ専門職**

理学療法士《りがくりょうほうし》、作業療法士《さぎょうりょうほうし》、言語《げんご》聴覚士《ちょうかくし》など、リハビリを専門とする医療職《いりょうしょく》。

**臨床《りんしょう》心理学**

心理学的な援助《えんじょ》によって心の問題の解決をはかることを目的とする、心理学の一分野。

INTERVIEW 4

# ひきこもり支援《しえん》にとり組む心理職

**倉光《くらみつ》 洋平《ようへい》さん**

公益社団法人 青少年健康センター
茗荷谷《みょうがだに》クラブ
公認心理師《こうにんしんりし》

提供している居場所のようす。利用者のニーズに合わせて、いろいろな活動をしています。利用者同士、またはスタッフとのかかわりを通して、対人関係に自信をとりもどしてもらうのが目的です。

本人は今
何を求めて
いるかなぁ

電話で受け付けをして、本人や家族の悩《なや》みを聞きながら、どのような対応がよいか方向性を見出していきます。

今、どんな
やりとりができて
いますか？
用件が
あるときだけ
メールがきます

施設《しせつ》をたずねてきた家族と直接会って、よりくわしく話を聞きます。

## Q1 どんな仕事をしているのですか？

おもに若者の心の問題について総合的な支援《しえん》を行う団体で、支援《しえん》業務から運営業務まで幅広《はばひろ》く行っています。週5日の常勤です。支援《しえん》業務としては、相談や訪問、家族向けの交流会、学校や職場に行くのが難しい人に居場所を提供する活動、就労体験などを行っています。運営業務としては、家族向けの学習会、支援者《しえんしゃ》向けの研修会、講演会などの企画《きかく》、地域の企業《きぎょう》や行政機関との連携《れんけい》のための打ち合わせなどをします。また、自分たちの支援《しえん》について、効果をデータで分析《ぶんせき》するなどさまざまな形で検証し、報告や発表をしています。

## Q2 おもしろいところややりがいは？

ひきこもりの人たちとの出会いがおもしろいです。さまざまな理由で、人との関係がとだえてしまった人たちなのですが、ふと「つながることができた」と感じる瞬間《しゅんかん》があります。あくまで対等な関係として人間関係をつむぎ直し、いっしょに新しい人生をさぐっていけるようになるのもうれしいことです。また、ひきこもりには、社会の問題という側面もあります。当たり前と思われている価値観を問い直し、むしろ社会のほうが変だなと思ったときに、それを変えるしくみづくりをすることも、大きなやりがいです。

## Q3 なぜこの仕事に就《つ》いたのですか？

特になりたいものがわからないまま大学に入り、授業で心理学になんとなく引きつけられたのが出発点です。そのまま大学院に進み、心理職の道を歩みました。私にとっては必然だったと思います。当時、身近なところにひきこもっている人がいて、ひきこもりというのは自分のなかでの大きなテーマでした。ふり返ると、それを解決しないと前に進めないという感覚があったと思います。そのような状《じょう》況《きょう》から、自然な流れで今の職場を選びました。ひきこもりへの関心が根本にあり、心理学に出会ったことでこの仕事にたどり着いたのだと思います。

### ひきこもりって、どんな状態？

仕事や学校に行かず、家族以外の人との交流をほとんどせずに、長期間自宅から出ることができないでいる状態のことを、ひきこもりといいます。ひきこもりの要因はさまざまです。心の病気や発達障害によって、周囲とうまくつき合うことが難しくなってひきこもる場合もあれば、病気や障害が原因ではなく、対人関係や心が傷ついた経験をきっかけにひきこもる場合もあります。

インタビュー編
公認心理師《こうにんしんりし》の資格が
いかせる仕事

INTERVIEW 5

# 自衛隊で働く心理職

**柴田《しばた》 寛子《ひろこ》さん**
防衛省海上幕僚監部《ばくりょうかんぶ》
衛生企画室《きかくしつ》
公認心理師《こうにんしんりし》

公認心理師《こうにんしんりし》としてどのような活動を行ったか、海上自衛隊の幹部に定期的に報告しています。

部下をもつ自衛官に向けて、隊員のメンタルヘルスに関する研修を実施《じっし》することもあります。

青森県にある大湊《おおみなと》地方総監部《そうかんぶ》の「北洋館」で、展示を見て、海上自衛隊の歴史を勉強中。

自衛官たちに心のケアの大切さを知ってもらうために、冊子も配布しています。

## Q1 どんな仕事をしているのですか？

陸上自衛隊、海上自衛隊、航空自衛隊それぞれに公認《こうにん》心理師《しんりし》がいます。基本的な仕事は同じで、隊員の心理相談や、メンタルヘルスに関する教育、上司へのコンサルテーション*などです。陸上自衛隊と海上自衛隊では、自衛官という身分での勤務なので、制服を着て仕事をしていますし、階級もあります。心理職としての仕事以外に、自衛官としての仕事や訓練、当直などもあります。2～3年に一度全国転勤があるのも大きな特徴《とくちょう》です。配属先は、基地や駐屯地《ちゅうとんち》の衛生隊*、自衛隊病院、地方総監部《そうかんぶ》*、司令部などさまざまです。

## Q2 おもしろいところややりがいは？

ふつうの心理職では決して経験できないことが経験できるところ、相談者と同じ仕事をしながら心理相談もするというところが、この職場ならではのおもしろさです。相談者が置かれている職場環《かん》境《きょう》や仕事の苦労、上下関係の大変さも、身をもって理解できます。自衛官という仕事の特殊《とくしゅ》さから、外部の人には説明しにくいことも、内部の人だから話しやすいと言ってもらえます。ストレスのかかる仕事も多い自衛官に対し、心理的な負担を少しでも減らせるよう支援《しえん》することにやりがいを感じています。

## Q3 なぜこの仕事に就《つ》いたのですか？

子どものころから、人の心の変化などに興味をもっていました。その後、心理学という学問があることを知り、大学に進学して専攻《せんこう》しました。資格取得のために大学院へ進み、修了後《しゅうりょうご》、精神科病院で10年ほど働いていましたが、海上自衛隊で心理職を募集していることを知り、「艦艇《かんてい》に乗れるのかな？」「海外で仕事ができるのかな？」と、好奇心《こうきしん》をそそられて応募《おうぼ》したところ、合格しました。残念ながら艦艇《かんてい》に乗って勤務をした経験はなく、艦艇《かんてい》乗組員として勤務する隊員のメンタルヘルスケアを地上で実施《じっし》しています。

**コンサルテーション**

問題をかかえる人を直接援助《えんじょ》する立場の人（上司や教師など）に心理の専門家としてアドバイスし、問題解決を間接的に援助《えんじょ》すること。

**衛生隊**

傷病者の治療《ちりょう》や隊員の健康管理、身体検査などを行う部隊。

**地方総監部《そうかんぶ》**

日本の領海を5つに分けた各区域の防衛や警備などを担当する「地方隊」に置かれる部署。

INTERVIEW 6

# 独立開業して働く心理職

村上《むらかみ》 雅彦《まさひこ》さん

広島ファミリールーム
臨床心理士《りんしょうしんりし》

※公認心理師《こうにんしんりし》は2019年に登録が開始された新しい資格であるため、ここでは心理職の民間資格として広く認められている臨床心理士《りんしょうしんりし》資格をもつ人へのインタビューを紹介《しょうかい》します。

前回からの間は
どのように
お過ごしでしたか?

相談室での面接のようす。相談に来た人への負担をできるだけ少なくすること、それぞれの人がもつ力を最大限にいかし、短期間に相談内容が解決できるようにすることを心がけています。

※写真の相談者はモデルです。

ここが
とても大切な
ところです

専門家を対象に行う講座のようす。自身が専門とする心理療法《りょうほう》について教えています。外部の会場を借りて、大人数が集まる講座を企画《きかく》することも。

この言葉を
どんなふうに考えて
いますか?

同じ心理職として働く専門家に、相談者との面接のやり方について個人指導をします。これをスーパービジョン(68ページ)といいます。

## Q1 どんな仕事をしているのですか？

私は自分の相談室を開設して、相談を受けています。相談に来た人が困っていること、解決したいことについて話を聞き、心理的な面からその解決を援助《えんじょ》します。心理療法《りょうほう》を行う場合もあれば、対応についてのアドバイスをする場合もあります。業務時間のほとんどは面接をしていて、最後に記録を整理しています。相談室での仕事のほかに、精神科のクリニック、小児科《しょうにか》のクリニック、私立高校に出向き、同様の仕事をしています。また、大学で講義をしたり、専門家や一般《いっぱん》の人を対象に講演をすることもあります。

## Q2 おもしろいところややりがいは？

相談に来た人の問題が解決したり、症《しょう》状《じょう》がよくなったりして、笑顔《えがお》になってもらえるのは、とてもうれしいことであり、やりがいを感じます。また、人間の心理についてくわしく知ることができるところがおもしろく、自身が人間的に成長させてもらえるのもありがたいことです。しかし、それよりもうれしいことがあります。人間は、ときにびっくりするような変化を起こします。心の変化の瞬間《しゅんかん》に立ち会えることはたいへん感動的です。そんな瞬間《しゅんかん》を目《ま》の当たりにできるのはこの仕事をしているからだと思います。

## Q3 なぜこの仕事に就《つ》いたのですか？

私が心理に関する仕事に就《つ》きたいと考えたのは中学2年生のときです。ただ、そのときは心理職の資格制度はまだありませんでした。私は人の心の不思議さにひかれました。例えば、どうして人は思っていることと行動していることがちがうときがあるのだろうなど、人が何を考えどう思っているのかについてよく考えていました。精神分析《ぶんせき》の父といわれるフロイトの考えでは、心には無意識があり、ちょっとした言いまちがいのなかに本当の思いがあるとされているのですが、それを聞いて、すごくおもしろいと思ったことを覚えています。

### 独立開業して働くということ

自ら相談室を開設して働く場合、待っているだけでは仕事は入ってきません。宣伝や紹介《しょうかい》などをきっかけに、直接相談者から依頼《いらい》を受けることになります。相談者の信《しん》頼《らい》を得られるか、多くの相談者に来てもらえるかは、自分の実力次第。経営者としての責任があり、金銭面の管理もしなければなりません。大変なことも多いですが、そのぶんやりがいも大きい働き方といえるでしょう。

## もっと！ 教えて！ 公認心理師《こうにんしんりし》さん

### Q1 公認心理師《こうにんしんりし》になってよかったなと思うことを教えて！

A もともと元気な人が、ふとしたきっかけでうつ状態になり、休職してしまうことがあります。そんな人の復職支援《しえん》にかかわり、職場にもどって笑顔《えがお》で働いている姿を見ることができたときには、時間がかかり苦労があっても、この仕事をやっていてよかったなと思います。「先生に話を聞いてもらってよかった」と言ってもらえると、やはりうれしいです。（40代・女性）

A あるとき、認知症《にんちしょう》があり、気難しい高齢《こうれい》の男性が入院してきました。ほかの専門職とは話もしてくれず、支援《しえん》が進まないでいたのですが、本人の好きな将棋《しょうぎ》をきっかけに何度も声をかけ続けると、私とは話をしてくれるようになったのです。「あんたの顔を見ると、なんだかほっとするよ」「これはあんたにしか話せないけど」と、私を信《しん》頼《らい》して気持ちを語ってくれたときは、心の専門家としてとてもうれしかったです。（30代・男性）

### Q2 公認心理師《こうにんしんりし》の仕事で、大変なこと、苦労したことを教えて！

A この仕事では、自分自身の力量をみがき続けていくことが求められます。そのためには、たくさんの知識と経験が必要です。かといって、面接や心理療法《りょうほう》は、たくさん練習すればうまくなるというような単純なものではありません。何をどう考えればよいのか、何をどうがんばればよいのか。自分にとっての課題を見つけ、それをクリアしていくことは、たいへんな苦労となります。公認心理師《こうにんしんりし》として、相談者に対してよりよい援助《えんじょ》を行うための努力に、終わりはありません。（50代・男性）

A 相談者の中には、命を投げ出したいと悩《なや》んでいる人、解決が難しい問題をかかえている人、「どうせ自分の話なんてだれも信じてくれないだろう」と不信感をもっている人などもいます。そういう人たちに対する支援《しえん》はとても難しく、特に、命にかかわるようなケースでは、とても緊張《きんちょう》感《かん》が高まり、神経を消耗《しょうもう》します。大変なときこそ、冷静に状況《じょうきょう》を判断し、対応を誤らないようにすることが求められます。（40代・男性）

# Part 2

# 目指せ公認心理師《こうにんしんりし》！ どうやったらなれるの？

# ? 公認心理師《こうにんしんりし》になるには、どんなルートがあるの？

## 大学と大学院で学び、国家試験を受験するのが基本

公認心理師《こうにんしんりし》になるには、国家試験に合格する必要がありますが、公認心理師《こうにんしんりし》国家試験は、だれでも受けられるものではありません。受験資格を満たすには、文部科学省令・厚生《こうせい》労働省令によって指定された科目を修め、公認心理師《こうにんしんりし》となるために必要な知識を身につけている必要があります。

基本のルートは、大学と大学院で学ぶルートです。高等学校卒業後、まずは公認心理師《こうにんしんりし》の資格取得を目指せるカリキュラムが用意されている大学、または専門学校（卒業すると大学院入学資格が認められる4年制の専門学校）に進学し、必要な科目を修めます。さらに、大学院へ進学して必要な科目を修めると、国家試験の受験資格が得られます。大学や専門学校の卒業、大学院の修了《しゅうりょう》だけでなく、指定科目をすべて修めなくてはならないので、注意が必要です。

また、大学で指定科目を修めたあと、法令で定める施設《しせつ》で2年以上の実務経験を重ね、国家試験の受験資格を得るルートもあります。大学卒業後、就職して現場での経験を積みながら公認心理師《こうにんしんりし》を目指せるルートです。ただし、該当《がいとう》する施設《しせつ》は全国にまだごくわずかしかありません。

公認心理師《こうにんしんりし》国家試験は、年に1回以上行うこととされています。国家試験に合格し、運営事務局に登録すると、晴れて公認心理師《こうにんしんりし》として認められます。

中学校卒業 ← 高等学校

大学・専門学校（4年）
指定科目を修める

大学院（2年）
指定科目を修める

法令で定める施設《しせつ》での
実務経験（2年以上）

公《こう》認《にん》心《しん》理《り》師《し》国家試験

公《こう》認《にん》心《しん》理《り》師《し》資格取得

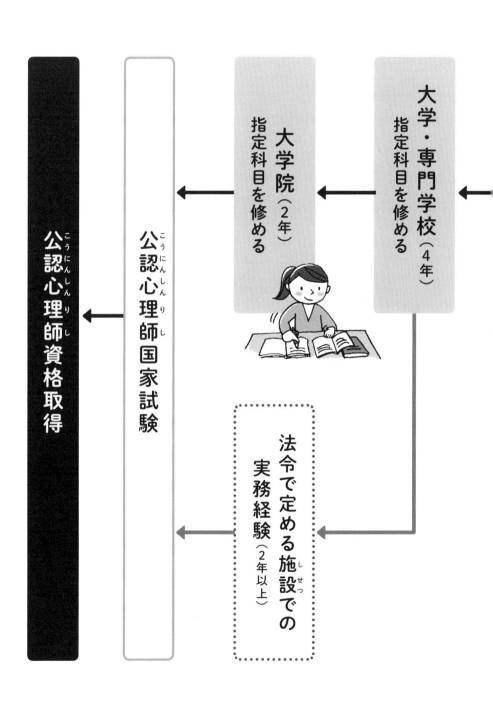

# ？ 大学と大学院、両方に行かないとなれないの？

**高等学校卒業後の進路**

**大学** 4年

**専門学校** 4年

心理学もふくめた幅広《はばひろ》い知識を得るとともに、演習や実習を通して心理学の基本的な技術も学びます。大学と同様に大学院入学の資格を得られる4年制の専門学校もあります。

**大学卒業後の進路**

**大学院** 2年

大学で学んだ知識や理論をもとに、心理学の専門的な研究を深めます。実習や研修を中心に学び、専門分野で研究論文も発表します。

**必要な科目を学べる学校の種類と数**

2019年現在

| | |
|---|---|
| 大学 | 約160校<br>（うち国公立は約35校） |
| 専門学校（4年制） | 私立1校のみ |
| 大学院 | 約150校<br>（うち国公立は約30校） |

## 指定科目をすべて修めるには、大学と大学院で学ぶことが必要

公認心理師《こうにんしんりし》国家試験の受験資格取得に必要な指定科目をすべて修めるには、大学だけでなく、大学院でも学ぶ必要があります。

公認心理師《こうにんしんりし》の指定科目に対応している大学は、全国に数多くあります。大学に付属の大学院が設置されている場合は、たいてい大学院でも公認心理師《こうにんしんりし》の指定科目に対応しています。

ただ、大学によっては、大学院では公認心《こうにんしん》理師《りし》の指定科目を学べない場合もありますし、大学院そのものが設置されていない場合もあります。大学進学の際に、大学院のことまでしっかりと調べておいたほうがよいでしょう。

## 実務経験が認められる施設《しせつ》の例

- 学校
- 病院・クリニック
- 児童福祉施設《ふくししせつ》・児童相談所
- 保健所・保健センター
- 認定《にんてい》こども園
- 福祉《ふくし》事務所・社会福祉《ふくし》協議会
- 裁判所
- 精神保健福祉《ふくし》センター
- 刑務所《けいむしょ》・少年刑務所《けいむしょ》・拘置所《こうちしょ》・少年院・少年鑑別所《かんべつしょ》
- 老人福祉施設《ふくししせつ》
- 介護《かいご》老人保健施設《しせつ》・地域包括支援《ほうかつしえん》センター

単にこれらの施設《しせつ》で仕事をするのではなく、認定《にんてい》基準を満たす実務経験プログラムにのっとって、専門家の指導を受けながら業務にあたる必要があります。

## 対応する施設《しせつ》はまだ少数ですが、実務経験を経て目指すルートも

大学卒業後は、大学院に進学してさらに学びを深めるのが基本のルートですが、法令で定める施設《しせつ》での実務経験を経て国家試験の受験を目指すルートもあります。

法令で定める施設《しせつ》とは、具体的には、学校、裁判所、保健所や保健センター、病院や診療所《しんりょうじょ》、各種福祉施設《ふくししせつ》など、公認心理師《こうにんしんりし》の活《かつ》躍《やく》が期待されるあらゆる分野の施設《しせつ》で、かつ、「実務経験プログラム」を用意して、文部科学省・厚生《こうせい》労働省の認定《にんてい》を受けた施設《しせつ》のことを指します。そこで、実務経験プログラムにのっとって指導者のもとで業務にあたり、大学院での学びと同等以上の知識や技能を習得していくことになります。

費用などの面から、このルートを希望する人が多くなることも予想されますが、認定《にんてい》を受けた施設《しせつ》は、全国に5か所とまだごくわずかです（2019年7月現在）。

# 公認《こうにん》心理《しんり》師《し》になるための学校って、どんなところ？

## ある一年のスケジュール

| | |
|---|---|
| 4月 | 入学式（1年次）<br>春学期授業開始 |
| 6月 | スポーツ大会 |
| 7月 | 集中講義・補講<br>春学期定期試験 |
| 8月 | 夏期休暇《きゅうか》 |
| 9月 | 集中講義 |
| 10月 | 秋学期授業開始 |
| 11月 | 学園祭 |
| 12月 | 冬期休暇《きゅうか》<br>クリスマスイベント |
| 1月 | 集中講義・補講 |
| 2月 | 秋学期定期試験 |
| 3月 | 卒業式(卒業年次) |

クラブ・サークル活動、学園祭など、学生ならではの経験を通して学べることもたくさんあります。

図書館やパソコンルームなども充実《じゅうじつ》。大学院の実習施設《しせつ》をかねた心理臨床《りんしょう》センターを設けている学校も。

写真提供・取材協力：京都文教大学

## 大学と大学院、計6年間で必要な知識や技能を習得します

公認《こうにん》心理《しんり》師《し》を目指せる大学には、多くの場合、心理学部や心理学科などがありますが、学部名や学科名は、学校によってさまざまです。文学部や人間学部といった学部に心理学科が設けられていることもあります。

公認《こうにん》心理《しんり》師《し》となるために必要な科目は、大学で学ぶものだけでも25科目。あらゆる分野の心理学がふくまれます。大学ではそのほかに、教養系の科目や語学も学びます。

国家資格の取得に向けて、勉強や研究にいそがしい学生生活ですが、学校行事や学外での活動を通して、さまざまな人とかかわることも大切。将来、公認《こうにん》心理《しんり》師《し》としての仕事にも、そうした経験が役に立つでしょう。

## 公認《こうにん》心理師《しんりし》となるために必要な科目

文部科学省・厚生労働省令「公認心理師法施行規則」より

### 大学における必要な科目

- 公認心理師の職責
- 心理学概論《がいろん》
- 臨床《りんしょう》心理学概論《がいろん》
- 心理学研究法
- 心理学統計法
- 心理学実験
- 知覚・認知《にんち》心理学
- 学習・言語心理学
- 感情・人格心理学
- 神経・生理心理学
- 社会・集団・家族心理学
- 発達心理学
- 障害者・障害児心理学
- 心理的アセスメント
- 心理学的支援法《しえんほう》
- 健康・医療《いりょう》心理学
- 福祉《ふくし》心理学
- 教育・学校心理学
- 司法・犯罪心理学
- 産業・組織心理学
- 人体の構造と機能及《およ》び疾病《しっぺい》
- 精神疾患《しっかん》とその治療《ちりょう》
- 関係行政論
- 心理演習
- 心理実習（80時間以上）

### 大学院における必要な科目

- 保健医療《いりょう》分野に関する理論と支援《しえん》の展開
- 福祉《ふくし》分野に関する理論と支援《しえん》の展開
- 教育分野に関する理論と支援《しえん》の展開
- 司法・犯罪分野に関する理論と支援《しえん》の展開
- 産業・労働分野に関する理論と支援《しえん》の展開
- 心理的アセスメントに関する理論と実践《じっせん》
- 心理支援《しえん》に関する理論と実践《じっせん》
- 家族関係・集団・地域社会における心理支援《しえん》に関する理論と実践《じっせん》
- 心の健康教育に関する理論と実践《じっせん》
- 心理実践《じっせん》実習（450時間以上）

# ? 学校ではどんな授業が行われているの？

**大学での学びのステップ（例）**

| | 学びの内容 | おもな専門科目 |
|---|---|---|
| 1年次 | 心理学や臨床《りんしょう》心理学の基《き》礎《そ》を学習。人間関係について深く考えます。 | 心理学概論《がいろん》<br>臨床《りんしょう》心理学概論《がいろん》<br>人間関係基礎論《きそろん》<br>臨床《りんしょう》コミュニケーション論　など |
| 2年次 | 臨床《りんしょう》心理学に関する専門科目を修めます。心理学実験の基礎《きそ》も学びます。 | 臨床《りんしょう》心理学基礎《きそ》演習<br>心理療法学《りょうほうがく》／発達心理学<br>認知《にんち》心理学／精神医学<br>心理統計学／家族臨床《りんしょう》心理学<br>心理学実験査定（初級）　など |
| 3年次 | 箱庭療法《りょうほう》などの心理療法《りょうほう》やカウンセリングを実践的《じっせんてき》に学習します。 | 臨床《りんしょう》心理学研究法演習<br>臨床《りんしょう》心理学実践《じっせん》演習<br>心理学実験査定（中級）<br>精神分析学《ぶんせきがく》／ユング心理学<br>非行と犯罪の心理学　など |
| 4年次 | 大学院を視野に入れながら、自ら設定したテーマを研究し、卒業論文を作成します。 | 臨床《りんしょう》心理学総合演習<br>臨床《りんしょう》心理学実践《じっせん》演習<br>社会人基礎《きそ》演習<br>卒業論文　など |

## 心理学を基礎《きそ》から学び、人間の心や行動への理解を深めます

心という目に見えないものをあつかう心理学は、一見とらえどころのない学問のように感じるかもしれませんが、科学的な研究にもとづくものです。大学ではまず、心理学の成り立ちや、過去の研究について学ぶことで、人間の心や行動を科学的にとらえる態度を身につけていきます。

多様な分野がある心理学のなかで、公認《こうにん》心理師《しんりし》の仕事に最も関係が深いのは臨床《りんしょう》心理学。臨床《りんしょう》心理学とは、心理に関する専門知識をもとに、悩《なや》みをかかえる人を支援《しえん》したり、よりよい環境《かんきょう》を整えたりするための学問です。多くの学校では、1年次は臨床《りんしょう》心理学の基礎《きそ》を中心に学びます。

心理学実験の実習では、実験の計画、データの収集、分析《ぶんせき》といった技術を習得。実験の対象者を保護するなどのモラルも身につけます。

対人コミュニケーションに焦点《しょうてん》をあてた演習。学生同士が対話しながら自分自身のコミュニケーションの特徴《とくちょう》に気づき、学びを深めていきます。

少人数クラスで実施《じっし》されるゼミナールでは、教員の指導のもと、自分の興味・関心のあるテーマについて研究にとり組みます。

写真提供・取材協力：京都文教大学

絵画や音楽などを用いる「芸術療《りょう》法《ほう》」、ミニチュアのおもちゃを使った箱庭づくりを通して行う「箱庭療法《りょうほう》」なども学びます。

## 心理療法《りょうほう》や心理検査などの技術は演習や実習によって習得

学年が進むにつれて、面接や心理療法《りょうほう》、心理検査、心理学実験など、実践的《じっせんてき》な技術に関する演習や実習が増えてきます。演習や実習では、少人数のグループに分かれて、教員の指導のもと、実際に学生同士で面接や心理検査を実施《じっし》。技能だけでなく、心理職として求められる姿勢も身につけていきます。

心理学の専門知識は、医療《いりょう》や教育、福祉《ふくし》、ビジネスなど、さまざまな分野でいかすことができます。大学では、将来、公認心理師《こうにんしんりし》として、どんな分野で活躍《かつやく》したいのかによって、関連する内容を重点的に学ぶことも可能です。特に、少人数クラスのゼミナールでは、担当する教員の専門分野について、深く学ぶことができます。

大学院では、より実践的《じっせんてき》な実習が中心です。大学の4年間で学んだ知識をもとに、さらに学びを深めていきます。

## ？ 気になる学費は、どのくらいかかるの？

### 国公立と私立で、学費に大きな差があります

公認心理師《こうにんしんりし》になるためのカリキュラムに対応している大学には、国立、公立、私立があります。国公立大学の学費は、どの学部も1年間で約54万円。私立大学は、ほかの学部と同程度の約100万円前後が相場です。

大学院の学費は、国公立は大学と同額ですが、私立は大学よりもやや安くなります。ただし、大学院では実習が多くなるため、そのぶん実習費がかかります。大学院の入学金や学費は、通っていた大学の付属大学院に進学すると、割引になる場合もあります。

ほかの学部と同様、各種奨学金《しょうがくきん》や学費サポート制度を利用することも可能です。学費が心配な人は調べてみるとよいでしょう。

**学費と入学金の目安**

| 学校の種類 | | 年間の学費（授業料、施設費《しせつひ》、設備費など） | 入学金 |
|---|---|---|---|
| 大学 | 国公立 | 約54万円 | 約28万円 |
| | 私立 | 約80万～150万円 | 約15万～30万円 |
| 専門学校 | 私立 | 約100万円 | 約25万円 |
| 大学院 | 国公立 | 約54万円 | 約28万円 |
| | 私立 | 約55万～100万円 | 約10万～30万円 |

このほかに、教科書代や実習費なども必要です。

**奨学金《しょうがくきん》の種類**

- 民間団体の奨学金《しょうがくきん》
- 学校の奨学金《しょうがくきん》
- 自治体の奨学金《しょうがくきん》

# ？ 大学や大学院の入学試験は、難しいの？

## 大学一般《いっぱん》入試の試験科目の例

（例1）国立大学

センター試験（5～6教科7～8科目）→ 英語

1次試験 → 2次試験

（例2）私立大学

国語 ＋ 英語 ＋ 地理歴史・公民・数学から1科目選択《せんたく》

（例3）私立大学

記述または小論文 ＋ 英語 ＋ 面接

## 推薦《すいせん》入試の種類

| | |
|---|---|
| 一般推薦《いっぱんすいせん》 | 学業成績など大学が示す条件を満たす人が、高等学校の校長の推薦《すいせん》を得て出願。どの高等学校からでも出願できる。 |
| 指定校推薦《すいせん》 | 大学が指定した特定の高等学校に限って募集《ぼしゅう》がある。指定を受けている学校の生徒で、大学が示す条件を満たしている人が出願可能。 |
| 自己推薦《すいせん》 | 受験生自身が、自分の能力や打ちこんできたことなどをアピールして、出願する。特別な才能や得意分野がある人が有利。 |
| AO入試 | 受験生自身が出願する点は自己推薦《すいせん》と同じだが、能力や実績よりも、人物、適性や志望理由などを重視した選抜《せんばつ》が行われる。 |

## 試験の方法も難易度もさまざま。自分に合う学校を選びましょう

大学、大学院ともに、学費が安い国公立は人気が高く、入学試験も難関です。

国公立大学の場合は、1次試験であるセンター試験の結果をもとに希望の大学へ出願し、2次試験を受験。2次試験の内容は、1～3科目の学力試験、小論文、面接など、大学によってちがいます。私立大学の入学試験は、2～3教科の学力試験が多いですが、小論文や面接を課す大学も。国公立、私立ともに、各種推薦《すいせん》入試も実施《じっし》しています。

大学院の入学試験では、研究計画書と志望理由書を提出したうえで、専門科目や英語の記述試験、面接などが実施《じっし》されるのが一《いっ》般的《ぱんてき》です。

# ？ 公認心理師《こうにんしんりし》に向いているのはどんな人？

## 向いている人の特徴《とくちょう》

### 人の心を大切にできる

公認心理師《こうにんしんりし》は人の相談に乗る仕事なので、相手の気持ちに寄りそい、大切にできる、やさしさや思いやりが必要です。じつは、そのためには、自分自身の心も大切にすることが必要です。

### 好奇心《こうきしん》と観察力

さまざまなことに興味をもち、人間の心に関心がある人。小さな変化に気づく観察力もだいじです。落ちこんだりうれしくなったりという、自分自身の感情の変化を意識することも、相談者の気持ちを理解するために役立ちます。

### 冷静でがまん強い

公認心理師《こうにんしんりし》の仕事では、相談者の感情的な行動にも落ち着いて対応し、相手の気持ちを整理することが重要。心の問題は、すぐには結果が出ないことも多いので、じっくりととり組む忍耐《にんたい》強さも求められます。

## 人間の心に興味があり、深く考え続けることができる人

心に不安や悩《なや》みをかかえる人の相談に乗る公認心理師《こうにんしんりし》の仕事。心を開いて話をしてもらうためには、相手の気持ちに寄りそうやさしさ、約束や秘密を守る誠実さが欠かせません。また、それと同時に、話の内容、表情や仕草を冷静に分析《ぶんせき》し、心の状態を読みとる観察力も求められます。

心理の専門家として、自分自身の心の状態を自覚し、コントロールできるように努めることも大切です。自分の心と向き合う経験が、相談者の心を理解する力につながります。さまざまなことに興味や疑問をもち、人間の心について深く考え続けることができる人は、公認心理師《こうにんしんりし》に向いているでしょう。

## ？ 中学校・高等学校でやっておくといいことはある？

いかせる科目

| いかせること | | 科目 |
|---|---|---|
| 相談者とのコミュニケーション<br>他職種との連携《れんけい》 | ← | 国語<br>クラブ活動<br>ボランティア |
| 人体のしくみと働き | ← | 理科<br>保健体育 |
| 心理検査の結果の分析《ぶんせき》<br>科学的なものの考え方 | ← | 数学 |
| 論文や用語の読解<br>海外からの新しい情報 | ← | 英語 |
| 法律や社会のしくみ<br>歴史と人間の心理 | ← | 社会 |
| 芸術を用いた心理療法《りょうほう》 | ← | 美術 |

### 幅広《はばひろ》い世代の人と関わること。法律や数学の勉強も大切です

公認心理師《こうにんしんりし》は、人とコミュニケーションをとることがとてもだいじな仕事なので、国語の授業で学ぶことは多くあります。授業以外でも、小説や映画、マンガなど、たくさんの物語にふれておくとよいでしょう。社会で歴史を勉強することも、人間の心の動きを知るための参考になります。クラブ活動などを通して、人とかかわる経験も重要です。

心と体は密接につながっているので、理科や保健体育で人体についての基礎《きそ》知識を得ておきましょう。また、数学は心理検査の分析《ぶんせき》に、美術は芸術を用いた心理療法《りょうほう》にいかせます。心理学の資料は英語のものも多いので、英語の勉強も役に立ちます。

## ? ほかの資格や職種とは、どうちがうの？

### 公認心理師《こうにんしんりし》は…

- 文部科学大臣および厚生《こうせい》労働大臣が認める**国家資格**
- **公認心理師《こうにんしんりし》の名称《めいしょう》を用いて**、保健医療《いりょう》、福祉《ふくし》、教育その他の分野において、心理学に関する専門的知識および技術をもって、次にかかげる行為《こうい》を行うことを業とする

  ①心理に関する支援《しえん》を要する者の心理状態の観察、その結果の分析《ぶんせき》

  ②心理に関する支援《しえん》を要する者に対する、その心理に関する相談および助言、指導その他の援助《えんじょ》

  ③心理に関する支援《しえん》を要する者の関係者に対する相談および助言、指導その他の援助《えんじょ》

  ④心の健康に関する知識の普及《ふきゅう》をはかるための教育および情報の提供

  （公認心理師法《こうにんしんりしほう》より要約）
- 秘密保持や他職種との連携《れんけい》などの**法的義務**がある
- 資格更新《こうしん》制度はない

### 公認心理師《こうにんしんりし》は、日本で初めて、かつ、唯一《ゆいいつ》の心理職の国家資格

心理に関する専門性を証明する資格には、非常に多くの種類があります。しかし、これまでは、そのいずれもが民間資格であったため、資格の基準や取得方法もさまざまで、資格の信頼性《しんらいせい》にもばらつきがありました。そこで、だれもが安心して心理的な支援《しえん》を受けられるようにするために設けられたのが、公認《こうにん》心理師《しんりし》という心理職の国家資格です。

公認心理師《こうにんしんりし》の業務については、公認心理師法に定めがありますが、公認心理師《こうにんしんりし》にしかできない業務というものはありません。ただし、「公認心理師《こうにんしんりし》」や「心理師」という言葉をふくむ名称《めいしょう》を名乗ってよいのは、国家資格をもつ人だけ。これを名称独占《めいしょうどくせん》といいます。

## 精神保健福祉士《せいしんほけんふくしし》は…

- 厚生《こうせい》労働大臣が認める**国家資格**
- **精神保健福祉士《せいしんほけんふくしし》の名称《めいしょう》を用いて**、精神障害者の保健および福祉《ふくし》に関する専門的知識および技術をもって、**精神障害者の相談援助《えんじょ》**を行うことを業とする

(精神保健福祉士法《せいしんほけんふくししほう》より要約)

- 秘密保持や他職種との連携《れんけい》などの**法的義務**がある
- 精神障害のある人を対象とする社会福祉《ふくし》の専門家

## 臨床心理士《りんしょうしんりし》は…

- 公益《こうえき》財団法人日本臨床心理士《りんしょうしんりし》資格認定《にんてい》協会が認める**民間資格**
- 大学、大学院教育で得られる高度な心理学的知識と技能を用いて、以下の専門業務を行う

①臨床《りんしょう》心理査定
②臨床《りんしょう》心理面接
③臨床《りんしょう》心理的地域援助《えんじょ》
④上記①〜③に関する研究・調査

(臨床心理士《りんしょうしんりし》資格審査《しんさ》規程より要約)

- 5年ごとの資格更新《こうしん》が必要

## 働く場所や対象が一部共通する資格や職種もあります

公認心理師《こうにんしんりし》という国家資格ができる以前から、心理職の資格として広く認められている民間資格が、臨床心理士《りんしょうしんりし》です。働く場所や業務の内容は、公認心理師《こうにんしんりし》と共通するところが多く、両方の資格をあわせもつ人も少なくありません。大学など(学部や学科は不問)を卒業後、指定大学院で学び、資格試験に合格した人に、臨床心理士《りんしょうしんりし》の資格が与《あた》えられます。臨床心理士《りんしょうしんりし》は、取得後5年ごとの資格更新《こうしん》が必要です。

心理職ではありませんが、心の病気や精神障害をかかえる人から相談を受け、援助《えんじょ》を行う職種に、精神保健福祉士《せいしんほけんふくしし》があります。精《せい》神保健福祉士《しんほけんふくしし》は、ソーシャルワーカーの国家資格の一つです。ソーシャルワーカーとは社会福祉《ふくし》の専門家。相談者の生活を福祉《ふくし》の面から支えます。おもに心の内面をあつかう心理職とは、支援《しえん》の仕方が異なります。

# ? 公認《こうにん》心理師《しんりし》って、どのくらいいるの？

## 公認心理師《こうにんしんりし》試験合格者の数

一般財団法人日本心理研修センター「第1回公認心理師試験合格者の内訳」（2018年）より

| | |
|---|---|
| 男性 | 7,234人 |
| 女性 | 21,340人 |
| **合計** | **28,574人** |

## 公認心理師《こうにんしんりし》の男女別・年齢別《ねんれいべつ》割合

一般財団法人日本心理研修センター「第1回公認心理師試験合格者の内訳」（2018年）より作成

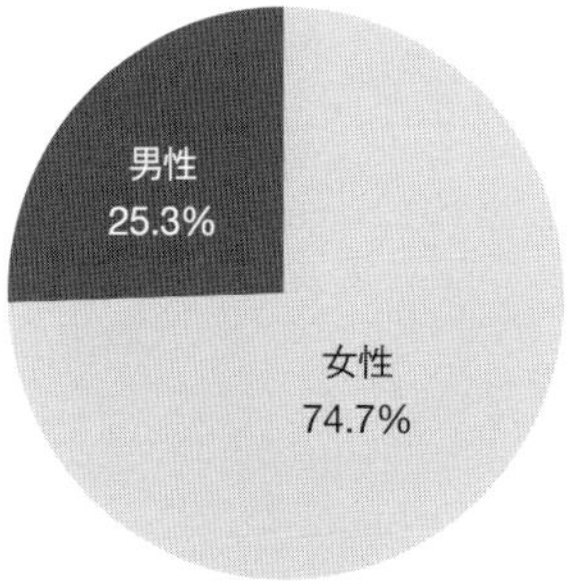

男性
25.3%
女性
74.7%


男女別割合

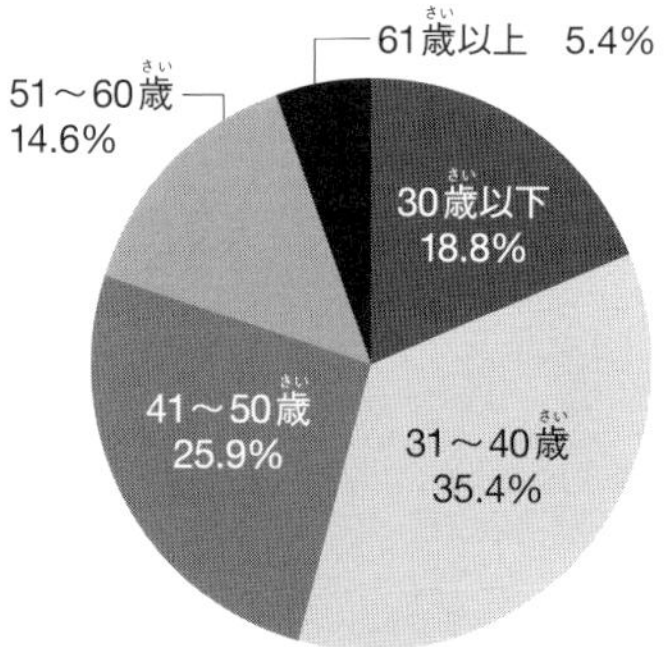

61歳《さい》以上　5.4%
51～60歳《さい》
14.6%
30歳《さい》以下
18.8%
41～50歳《さい》
25.9%
31～40歳《さい》
35.4%


年齢別《ねんれいべつ》割合

### できて間もない資格であるため、有資格者は全国に3万人弱

第1回公認心理師《こうにんしんりし》国家試験が実施《じっし》されたのは2018年9月。合格者数は全国で約2万8千人です。

公認心理師《こうにんしんりし》試験合格者の男女別割合を見てみると、男性が約7千人、女性が約2万人と、全体の約70％以上を女性がしめています。公認心理師《こうにんしんりし》に限らず、心理職として働く人は女性が多い傾向《けいこう》にありますが、男女どちらでも活躍《かつやく》できる仕事です。

また、年齢別《ねんれいべつ》割合では、31～40歳《さい》が最も多いですが、これは、すでに心理職として働いている人が資格を取得するケースが多いためと考えられます。今後は30歳《さい》以下の若い公認心理師《こうにんしんりし》も増えていくでしょう。

## 臨床心理士《りんしょうしんりし》資格をもつ人の数

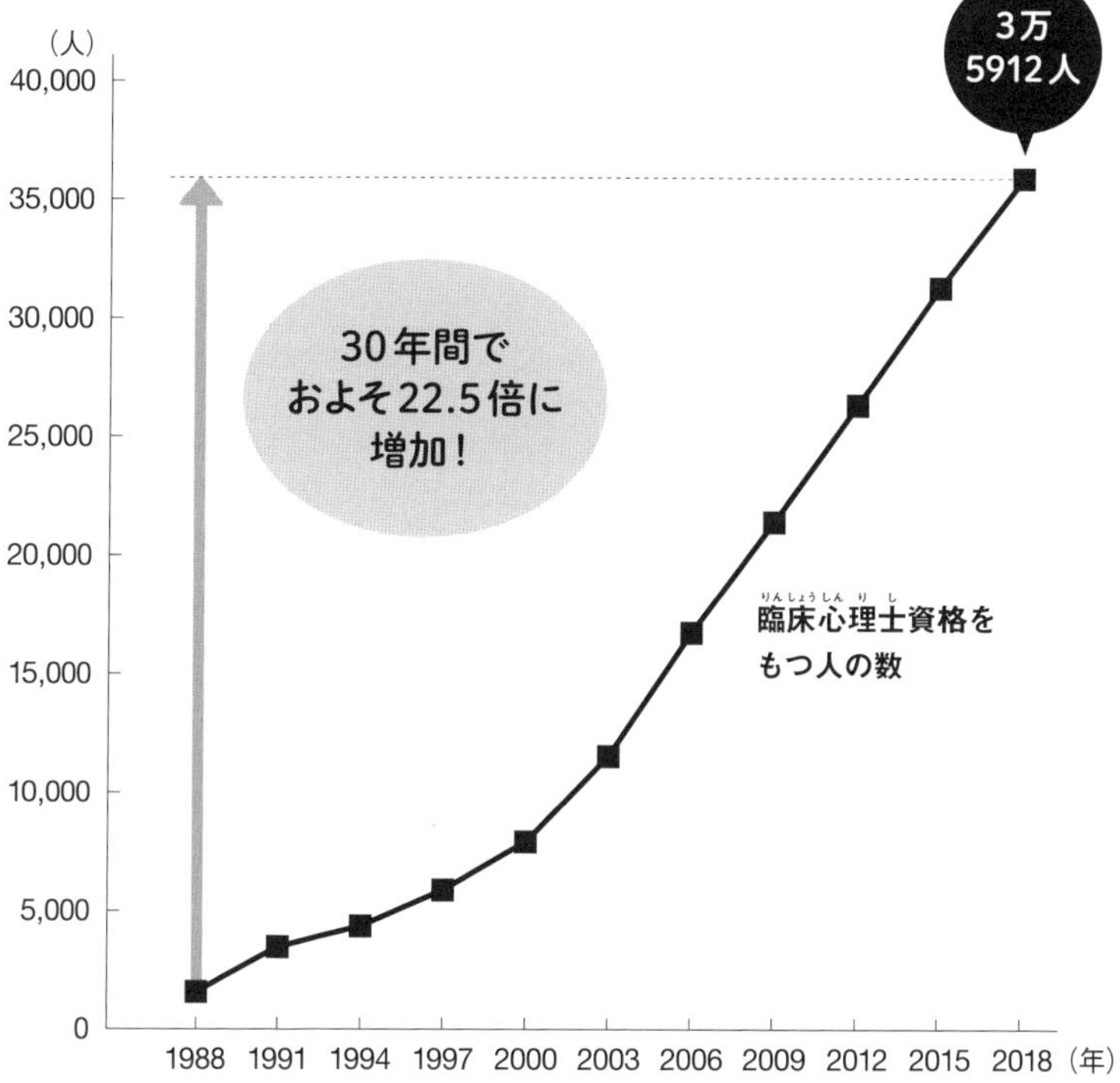
（人）
40,000
35,000
30,000
25,000
20,000
15,000
10,000
5,000
0
1988
1991
1994
1997
2000
2003
2006
2009
2012
2015
2018
（年）
3万5912人
30年間でおよそ22.5倍に増加！
臨床心理士《りんしょうしんりし》資格をもつ人の数

公益社団法人日本臨床心理士資格認定協会ホームページ「『臨床心理士』資格取得者の推移」より作成

## 臨床心理士《りんしょうしんりし》は安定的に増加中。公認心理師《こうにんしんりし》も増えていくでしょう

公認心理師《こうにんしんりし》は、まだできたばかりの資格なので、その数の変化を追うことができません。参考までに、臨床心理士《りんしょうしんりし》の数を見てみましょう。臨床心理士《りんしょうしんりし》の資格をもつ人は、全国に約3万6千人。30年以上の歴史があるにもかかわらず、公認心理師《こうにんしんりし》と比べてもそれほど多くないように思われますが、それだけ専門性が高く、取得が容易ではない資格であることを示しているともいえるでしょう。

臨床心理士《りんしょうしんりし》の新たな資格取得者は、毎年1500人前後で、安定的に増え続けています。同じ心理職の資格である公認心理師《こうにんしんりし》も、今後増えていくことが予想されます。

なお、公認心理師《こうにんしんりし》国家試験は、2022年までは、受験資格に特例があるため、第1回国家試験の合格者数は非常に多いですが、今後、国家試験1回あたりの合格者数は次第に少なくなるとみられます。

# 公認心理師《こうにんしんりし》はどんなところで活躍《かつやく》しているの？

公認心理師《こうにんしんりし》が活躍《かつやく》するおもな分野

医療《いりょう》・保健

病院やクリニックなどの医療《いりょう》機関、保健所や保健センターなど地域の健康を守る公的機関

教育

小中学校、特別支援《しえん》学校、高等学校、大学といった各種学校、教育委員会が設ける教育相談室など

## さまざまな分野での活躍《かつやく》が期待される公認心理師《こうにんしんりし》

公認心理師《こうにんしんりし》は、今後、幅広《はばひろ》い分野で求められる資格です。活躍《かつやく》の場は、①医療《いりょう》・保健、②教育、③福祉《ふくし》、④司法・犯罪、⑤産業・労働の5領域にまたがります。

医療《いりょう》・保健の分野の代表的な職場は、病院やクリニックです。病気やケガの治療《ちりょう》を受けている人を対象に、心のケアにあたります。また、保健所や保健センターといった地域の健康を守る公的機関で、心の健康に関する相談や援助《えんじょ》を行う仕事もあります。

教育の分野の職場としては、学校や教育委員会があります。スクールカウンセラーとして、子どもや保護者、教職員への相談や援《えん》助《じょ》、学校全体へのアドバイスを行います。

司法・犯罪

家庭裁判所、刑務所《けいむしょ》、少年刑務所《けいむしょ》、少年院、少年鑑別所《かんべつしょ》、保護観察所など

福祉《ふくし》

児童相談所、子ども家庭支援《しえん》センター、老人福祉施設《ふくししせつ》、障害者支援《しえん》施設《しせつ》など

産業・労働

企業内《きぎょうない》に設けられている相談室や健康管理室、メンタルヘルス関連のサービスを提供する企業《きぎょう》など

## 分野や職場によって、仕事内容や対象は多種多様です

福祉《ふくし》の分野には対象によって、児童福祉《ふくし》、高齢者福祉《こうれいしゃふくし》、障害者福祉《ふくし》があり、働く場所もさまざまです。本人への支援《しえん》はもちろん、家族が直面する子育てや介護《かいご》の悩《なや》み、虐待《ぎゃくたい》などの問題にとり組むこともあります。

司法・犯罪の分野では、犯罪や非行をした人に対して面接や心理検査などを行い、原因や心理を分析《ぶんせき》したり、反省や更生《こうせい》をうながしたりします。職場としては、家庭裁判所や刑務所《けいむしょ》、少年院などがあります。

産業・労働の分野の職場としては、企業内《きぎょうない》の相談室や、メンタルヘルス関連企業《きぎょう》などがあります。相談のほかに研修なども行い、働く人の心の健康をサポートします。

また、この5領域のほかに、大学や研究機関で心理分野の専門的な研究を行う人、私設心理相談を自ら開設・運営して相談業務にあたる人もいます。

# ? 公認心理師《こうにんしんりし》はどうキャリアアップしていくの?

### 専門家たちの教育訓練「スーパービジョン」とは

**スーパーバイザー**
**(スーパービジョンにおける指導者)**

スーパーバイジーが行っている相談援助《えんじょ》の内容を確認《かくにん》し、どんな問題点があるか、改善するべき点はどこかを見きわめて、目標を明確にします。そのうえで、スーパーバイジーと面談や協議を行い、新たな視点を発見できるよう指導します。

**スーパーバイジー**
**(訓練・指導を受ける人)**

実際に行った相談援助《えんじょ》のようすを記録してスーパーバイザーに観察してもらったり、担当する相談事例について報告したりして、指導をあおぎます。改善後のようすも観察してもらい、くり返し検討することで、たしかな技能を身につけていきます。

## 知識および技能の向上は、公認《こうにん》心理師《しんりし》としての義務

公認心理師《こうにんしんりし》には、心理の専門家として、自らの資質を高める努力が必要です。知識および技能の向上に努めなければならないと、法律でも義務づけられています。

公認心理師《こうにんしんりし》をはじめ、福祉《ふくし》、介護《かいご》、教育などの現場で対人援助《えんじょ》にたずさわる専門家たちの教育訓練に、「スーパービジョン」があります。ベテランの指導のもと、問題点や今後の課題を見つけたり、異なる視点をとり入れたりして、スキルアップをはかります。

1対1で行ったりグループで行ったりと形はさまざまですが、心理分野では、実際の面接のようすを映像や音声で記録するなどして、具体的な事例について検討します。

専門分野について学び、
知識や資格を得る
スーパービジョンや
研修、学習会に参加
さまざまな形で
学び続けることが、
スキルアップ、
キャリアアップに
つながる！
職場内での
勉強会や事例検討会
仕事のかたわら研究をまとめ、
学会で発表

## 仕事をしながら勉強を続け、専門性を高めていきます

公認心理師《こうにんしんりし》の多くは、仕事のかたわら、スーパービジョンや研修、学習会などに積極的に参加しています。自分がたずさわる仕事の内容を常に見直し、具体的にレベルアップしていくためです。技能の向上は、自分自身の財産になるとともに、直接、相談者のために役立てることができます。

求められるのは、心理の専門知識だけとは限りません。病院の公認心理師《こうにんしんりし》なら医療《いりょう》の知識、スクールカウンセラーなら教育関連の知識、働く人のメンタルヘルスを専門とするならビジネスの知識など、自分が働く分野についてもあわせて学び、より専門性を高めていくことが必要です。

キャリアアップという意味では、多くの経験を重ねて、心理職を目指す学生の指導にあたる大学教員になったり、私設心理相談を開設・運営したりするという道もあります。

# ？ 収入はどのくらい？ 就職はしやすいの？

### 年収を比べてみると…

職種別平均収入
心理職
300万〜
500万円
精神保健福祉士《せいしんほけんふくしし》
社会福祉士《しゃかいふくしし》
リハビリ専門職
（作業療法士《さぎょうりょうほうし》など）
看護師
医師
〜
小・中学校教員
保育士

## 分野や職場、働き方によって、収入には大きなちがいが

公認心理師《こうにんしんりし》はまだ新しい資格だということもあって、収入についてのはっきりとしたデータはありません。臨床心理士《りんしょうしんりし》など、ほかの心理職に関する調査を参考にすると、年収はおおむね、３００万〜５００万円程度が平均的であるようです。

心理職の職場は、病院、学校、地域の福祉《ふくし》施設《しせつ》、私設の相談機関などさまざまです。どの分野のどんな職場で働くか、どんな働き方をするかによっても、給与《きゅうよ》は大きく異なります。ほかの職種と同様、経験年数を重ねるほど給与《きゅうよ》が上がる傾向《けいこう》が見られます。また、公認心理師《こうにんしんりし》は国家資格なので、資格手当がつく可能性もあります。

## 心理職の働き方

**臨床心理士《りんしょうしんりし》の就業形態**

一般社団法人日本臨床心理士会『第7回「臨床心理士の動向調査」報告書』(2016年)より作成

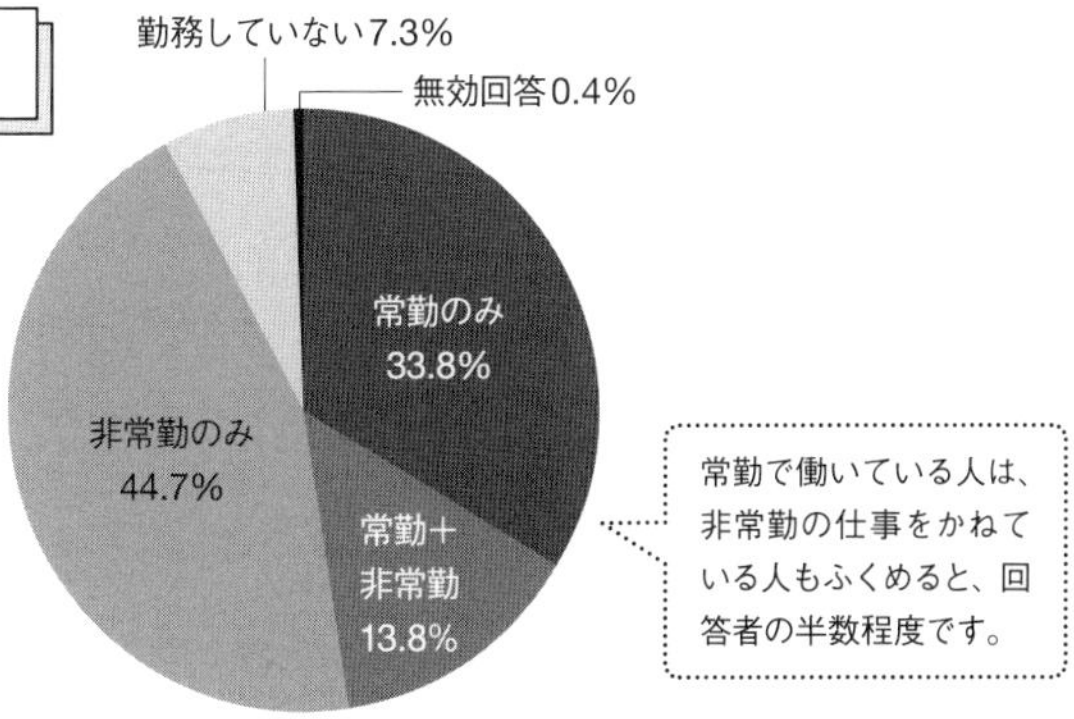
勤務していない7.3%
無効回答0.4%
常勤のみ
33.8%
非常勤のみ
44.7%
常勤＋
非常勤
13.8%
常勤で働いている人は、非常勤の仕事をかねている人もふくめると、回答者の半数程度です。

## 心理職の活用が進んでいる例

**スクールカウンセラーを配置している学校の割合**

文部科学省「学校保健統計調査」各年より作成

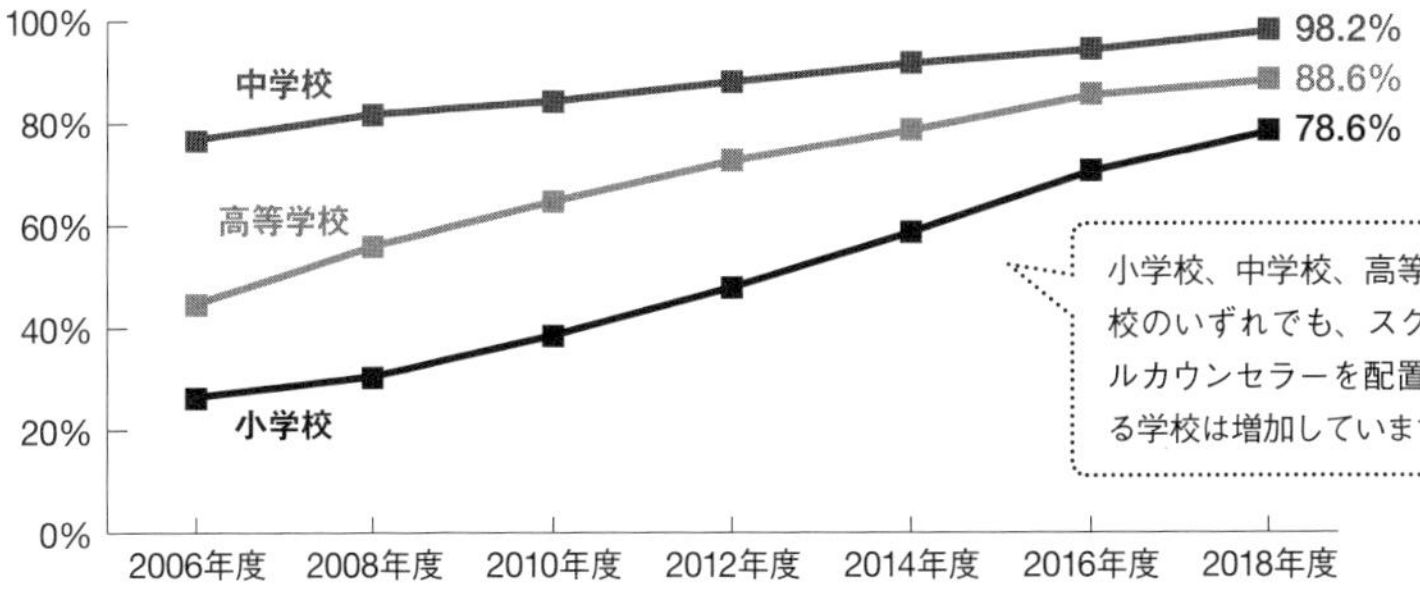
100%
80%
60%
40%
20%
0%
中学校
高等学校
小学校
98.2%
88.6%
78.6%
2006年度
2008年度
2010年度
2012年度
2014年度
2016年度
2018年度
小学校、中学校、高等学校のいずれでも、スクールカウンセラーを配置する学校は増加しています。

## 幅広《はばひろ》い分野で、心理職の活用が進むことが期待されます

心理職の働き方は、週5日の常勤のほか、週に数回、月に数回など決まった日にだけ働く非常勤、時間を区切って短時間で働くパートタイムなどさまざまです。複数の職場をかけもつ人も少なくありません。

安定的に仕事を続けていくためには、しっかり勉強して実力をつけること、周囲に信頼《しんらい》される仕事をすることが重要です。仕事や研修を通じて人とのつながりをつくり、大切にすることで、新しい仕事を紹介《しょうかい》してもらう機会なども生まれるでしょう。

公認心理師《こうにんしんりし》という国家資格がつくられた背景には、心の問題が、国民の生活にかかわる重要な課題として位置づけられるようになっていることがあります。国家資格ができたことを一つのきっかけに、今後、幅広《はばひろ》い分野で、ますます心理職の活用が進むことが期待されます。

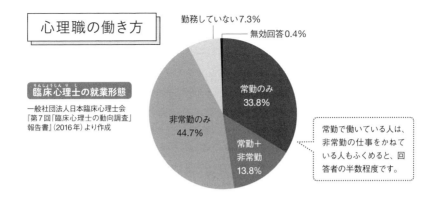

# ？ 公《こう》認《にん》心《しん》理《り》師《し》の間で今、問題になっていることは？

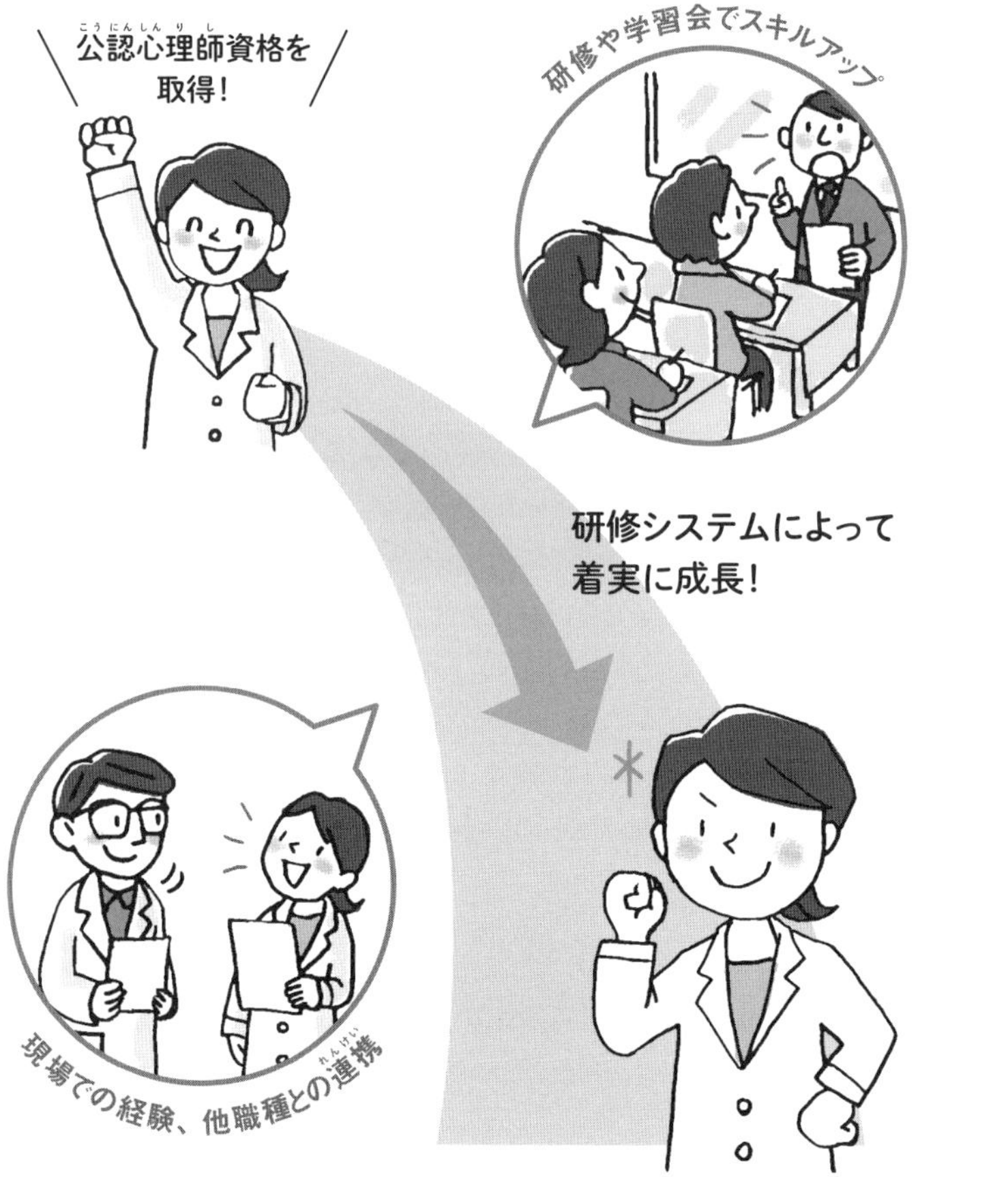
公認心理師《こうにんしんりし》資格を取得！
研修や学習会でスキルアップ
研修システムによって着実に成長！
現場での経験、他職種との連携《れんけい》

## 豊かな人材を育てるために、資格取得後の研修システムが必要

公認心理師《こうにんしんりし》は、病院、学校、児童相談所、少年鑑別所《かんべつしょ》、家庭裁判所、企業《きぎょう》、自衛隊、自治体などで働き、また、自分で相談室を開設すること（私設心理相談）もあります。支援《しえん》対象も赤ちゃんから高齢者《こうれいしゃ》までと、じつに多様です。必要な知識や技術の幅《はば》がとても広く、資格を得ただけでは即戦力《そくせんりょく》にはなれません。また、人びとの心理的支援《しえん》を行うにはほかの専門職との連携《れんけい》が大切です。資格をとってからも生涯《しょうがい》を通じて社会性を豊かにし、研修を続けることが求められます。

人びとが社会のなかで、健康な心で生活が送れるように、貢献《こうけん》できる人材を育てる研修システムをつくることが大きな課題です。

執筆協力：一般社団法人日本公認心理師協会事務局長　奥村茉莉子

# ？ これから10年後、どんなふうになる？

公認心理師《こうにんしんりし》は
社会の変化に対応しながら
広い視野でものごとをとらえ、
支援《しえん》が必要な人びとを支える存在に…

## 社会の変化にともない、人びとが向き合う課題もますます多様に

社会は大きく変化しています。10年後はどんな世の中になっているでしょう。AI（人工知能）の活用が進む一方、地球環境《かんきょう》の問題はさらに深刻になりそうです。ほかにも、男女の生き方、家族のあり方、社会制度の変化、人口の年齢《ねんれい》構成の問題など多くのテーマがあります。私たちの「こころ」は10年後、どんな課題に向き合っているでしょうか。

公認心理師《こうにんしんりし》は広い視野でものごとをとらえながら、支援《しえん》が必要な人びとをそれぞれの場でしっかり支える存在になっている必要があります。この10年をどんな心がけで過ごすかということが、公認心理師《こうにんしんりし》の10年後の仕事のあり方に、大きく反映されるでしょう。

執筆協力：一般社団法人日本公認心理師協会事務局長　奥村茉莉子

# ？ 公認心理師《こうにんしんりし》の職場体験って、できるの？

公認心理師《こうにんしんりし》の話を聞ける可能性がある職場

- 民間のカウンセリングルームなど
- 市役所・区役所・町村役場
- 学校
- 病院やクリニック
- 保健所・保健センター

## 仕事を体験するのは無理でも、話を聞くことならできます

公認心理師《こうにんしんりし》があつかう相談の内容は、病気のことや生活のこと、家族のことなど、プライバシーにかかわることがほとんどです。法律による秘密保持義務もありますから、情報のとりあつかいには十分気をつけなくてはなりません。そのため、中学生が職場体験として、実際の仕事を体験させてもらうことは難しいでしょう。

仕事の体験はできなくても、話を聞くことは可能です。中学生にとって、最も身近な心理職といえば、学校のカウンセリングルームにいるスクールカウンセラー。公認心理師《こうにんしんりし》に興味があることを伝えて、仕事について教えてもらうとよいでしょう。

**大学の学園祭やオープンキャンパスに参加**

公認心理師《こうにんしんりし》を目指して勉強している先輩《せんぱい》や、心理の専門家である教員の話が聞けたり、大学の授業の一部を体験できたりすることもあります。

**施設《しせつ》でボランティア活動に参加**

心理職が働いている介護《かいご》施設《しせつ》や福祉《ふくし》施設《しせつ》で、ボランティアとして活動すれば、どんな現場で、どんな人たちを支援《しえん》しているのか知ることができます。

## 世界精神保健デー

日本ではまだあまり知られていませんが、毎年10月10日は、世界精神保健デー(世界メンタルヘルスデー)という国際的な記念日です。1992年にオランダで、メンタルヘルスへの関心を高め、心の病気に対する偏見《へんけん》をなくすことを目的に定められました。メンタルヘルスは、社会全体でとり組むべき課題として、日本でも注目を集めています。

**10月**
**10日**

## ボランティア活動や大学のイベントも仕事を知る機会

ほかにも、病院やクリニック、民間のカウンセリングルーム、保健所や保健センター、市町村役場、介護《かいご》施設《しせつ》や福祉《ふくし》施設《しせつ》などでは、公認心理師《こうにんしんりし》が働いている可能性があります。中学生の職場体験を受け入れているところもあるので、これらの職場を訪問する場合は、心理職が働いているかどうか、学校の先生を通して事前に確認《かくにん》するとよいでしょう。

また、一般《いっぱん》の人が参加できる行事を行っていたり、ボランティアを募集していたりする施設《しせつ》もあるので、調べてみましょう。

公認心理師《こうにんしんりし》資格を目指せる大学の学園祭やオープンキャンパスに行ってみるのも、仕事について知るための一つの方法です。オープンキャンパスは、おもに高校生が対象ですが、中学生でも参加できる場合があります。公認心理師《こうにんしんりし》の仕事や、大学で学ぶ内容についてくわしく知るチャンスです。

# 索引

## さ

## ら



●取材協力（掲載順・敬称略）
学校法人東京女子医科大学 東京女子医科大学病院
学校法人目白学園 目白研心中学校・高等学校
住友商事グループ SCGカウンセリングセンター
社会福祉法人横浜博萌会 児童心理治療施設 横浜いずみ学園
地方独立行政法人 東京都健康長寿医療センター リハビリテーション科
公益社団法人 青少年健康センター 茗荷谷クラブ
防衛省 海上幕僚監部 衛生企画室
広島ファミリールーム
学校法人京都文教学園 京都文教大学
一般社団法人 日本公認心理師協会

編著／WILL《ウィル》こども知育研究所《ちいくけんきゅうじょ》

幼児・児童向けの知育教材・書籍の企画・開発・編集を行う。2002年よりアフガニスタン難民の教育支援活動に参加、2011年3月11日の東日本大震災後は、被災保育所の支援活動を継続的に行っている。主な編著に『レインボーことば絵じてん』、『絵で見てわかる はじめての古典』全10巻、『せんそうって なんだったの？ 第2期』全12巻、『語りつぎお話絵本 3月11日』全8巻（いずれも学研）、『見たい 聞きたい 恥ずかしくない！ 性の本』全5巻、『やさしく わかる びょうきの えほん』全5巻、『ごみはどこへ ごみのしょりと利用』全3巻（いずれも金の星社）、『？(ギモン)を！(かいけつ)くすりの教室』全3巻（保育社）など。

医療《いりょう》・福祉《ふくし》の仕事《しごと》 見《み》る知《し》るシリーズ
公認心理師《こうにんしんりし》の一日《いちにち》

2019年9月15日発行　第1版第1刷©

編　著　WILL《ウィル》こども知育研究所《ちいくけんきゅうじょ》
発行者　長谷川 素美
発行所　株式会社保育社
〒532-0003
大阪市淀川区宮原3－4－30
ニッセイ新大阪ビル16F
TEL 06-6398-5151
FAX 06-6398-5157
https://www.hoikusha.co.jp/
企画制作　株式会社メディカ出版
TEL 06-6398-5048（編集）
https://www.medica.co.jp/
編集担当　中島亜衣
編集協力　株式会社ウィル
執筆協力　松本園子／清水理絵
装　幀　大薮胤美（フレーズ）
写　真　田辺エリ
本文イラスト　すみもとななみ
印刷・製本　図書印刷株式会社



ISBN978-4-586-08597-2　Printed and bound in Japan
乱丁・落丁がありましたら、お取り替えいたします。

〇〇病院
公認心理師
視能訓練士
歯科医師
医師
看護師
歯科衛生士
作業療法士
言語聴覚士
臨床検査技師
薬剤師
理学療法士
言語聴覚士
〇〇薬局
くすり
薬剤師
〇〇小学校
管理栄養士
義肢装具製作所
義肢装具士